人生をシンプルに
正しい軌道に
戻す9つの習慣

さあ、本当の自分に戻り幸せになろう

マーク&エンジェル・チャーノフ
矢島麻里子 訳

MARC & ANGEL CHERNOFF

CHANGE YOUR THOUGHTS,
CHANGE YOUR REALITY,
AND TURN YOUR TRIALS INTO TRIUMPHS

Discover
ディスカヴァー

GETTING BACK TO HAPPY
Change Your Thoughts, Change Your Reality, and Turn Your Trials into Triumphs
by Marc Chernoff and Angel Chernoff

This edition published by arrangement with Tarcher Perigee, an imprint of Penguin Publishing Group, a division of Penguin Random House LLC through Tuttle-Mori Agency, Inc., Tokyo

INTRODUCTION

人生は、いつからでも、新しいスタートを切ることができる

幸せな人生を送るためには、「困難なこと」に向き合わなければなりません。

ここでいう「困難なこと」とは、たいていの人が避けていることです。たとえば、苦痛に感じることや、背を向けるほうがはるかに楽なこと、他の誰にも代わりができないこと、自分を疑ったり、どうすれば前に進む力を得られるか自分に問い直すきっかけになったりすることなどです。

なぜ私たちは、困難に向き合わなければならないのでしょうか？

それは、目の前に立ちふさがっているその困難こそが、結局は自分を強くし、人生を変えてくれるからです。

この本を書いている私とマークは、今でこそそれを理解していますが、「人生のどん底」を経験するまでは、そんなことは、まったく理解していませんでした。

人生のどん底とは、大切な人たちを病気と自殺で立てつづけに亡くし、その直後、容赦ない不況の中で仕事を失ったことです。

亡くなった彼らがその笑顔の裏で望みを失くしていたことに、なぜ自分は気づかなかったのか？　そんな問いが、長い間頭から離れませんでした。その心の傷を負いながら、プライベートも仕事も自分自身も、一から立て直す必要に迫られました。新しい現実に立ち向かおうともがく中、人生は何ヵ月も停止しました。

眠ることもできず、うつ状態に陥り、一歩前へ進もうと考えることさえ難しかったとき……。その困難な経験を乗り越えて進むことだけが、唯一筋の通った道であることを悟り、そこで初めて希望を見出すことができました。

困難に対する見方を変えて、乗り越えることができたカギは、「適切な習慣」を身につけたことにあります。毎日一つひとつ行う習慣が、自分で背負うしかない目の前の困難に立ち向かい、傷を癒し、再び人生を前へ進めることを、少しずつ可能にしてくれたのです。

こうした人生の教訓が、私たちのブログ「マーク＆エンジェル・ハック・ライフ（Marc & Angel Hack Life）」やこの本のベースになっています。

本書では、考え方や行動を変えて習慣をつくる過程を、私たちの個人的な旅やブログ、多数のポジティブ心理学研究、クライアントや受講生、ライブイベント参加者に対する10年に及ぶライフコーチング経験に基づいて、説いていきます。

さて、私とマークは、イベントで、あるエクササイズをよく実施しています。参加者に、会場を見渡して「赤いもの」を見つけるようお願いするのです。

すると参加者は周りを注意深く見回して、さまざまなところに赤いものを見つけだします。1、2分経ったところで、私たちが、「では目を閉じて、緑色のものがあった場所をすべて思い出してください」と言うと、全員が笑いだします。赤いものを探すのに夢中だったせいで、緑色のものはまったく思い出せないからです。会場に緑色と赤が両方存在していたとしても、緑色に意識が向いていないので、参加者の心の中には緑色がまったく見えていません。

この「今の自分の人生にある緑色」を発見し、人生の全体像を見ることこそ、この本でお手伝いしたいことです。

すべての思考には、さまざまな見方があります。その瞬間に自分が抱いている思考を自覚できれば、最も自分のためになる見方に集中し、それに従った行動を心がけることができます。

これまでの人生で経験した痛みや失望によって狭くなってしまった視野にとらわれず、私たちが陥りがちなネガティブ思考という「ウサギの穴」よりも、もっと広い見方をすることができれば、自分の思考をコントロールし、視野を広げて、成長やチャンス、回復のためのスペースをつくれるようになります。
つまり、よりよい考え方を身につければ、結果的によりよく生きられるということです。この原則は、私たちが生きるうえでのすべてに当てはまります。

ここで、私が在学していたセントラルフロリダ大学の最終講義において、ある心理学の教授が教えくれた話を紹介しましょう。

その日、教授は、水の入ったコップを頭上に掲げると、笑みを浮かべて尋ねました。
「私が持っているこの水の入ったコップの重さはどれくらいでしょうか?」
学生たちは、50グラムから1キロまで、さまざまな答えを口々に叫びました。
しばらくの間うなずきながら学生の答えをさばいた後で、教授はこう答えました。
「私に言わせれば、このコップの絶対重量には意味がありません。
すべてはコップを、どのくらい長く持っているかによりますから。
1、2分持っているだけなら、コップはとても軽い。
でも、1時間持ちつづけていたら、その重さで腕が痛くなるかもしれません。
1日中持っていたとしたら、腕がつり、感覚が完全に失われて麻痺し、コップを床に落とす可能性が高いでしょう。

いずれの場合も、コップの絶対重量は変わりませんが、長く持てば持つほど、私には重く感じられるのです」

私たちを含む学生の大半が納得してうなずいていると、教授はこう続けました。

「あなたたちの心配やいら立ち、失望、ストレスフルな思考は、この水の入ったコップによく似ています。少しの間そのことについて考えても、大したことは起こりません。

でも、もう少し長い時間考えていると、痛みを自覚し始めます。

一日中考えていると、感覚が完全に失われて麻痺し、考えるのをやめるまで何も手につかなくなります」

この話があなたの人生にどうかかわるか、考えてみてください。

あなたが心に抱えているものの重さへの対応に苦しんでいるのなら、それはコップを置くときが来たことを知らせるサインです。

重要なのは、今直面している心配やいら立ち、失望、ストレスフルな思考の大半は、自分自身が生み出したものだと自覚することです。
ですから、自分の内側で感じていることへの、より効果的な対処法を身につけることで、心配やいら立ちをすぐに手放せるようになります。予期せぬストレスやいら立ちへの対処のしかたが、よい人生を生きるか、問題の多い人生を生きるかの分かれ目になり得ます。

人生に確実なものはなく、将来何が起こるか、正確に知ることはできません。
そうであるならば、今、生きる上でできる最善のことは、現状に失望しているときでも、今この瞬間を、最大限ポジティブに生かすことです。

今から20年先に、「もっと人生を味わい、楽しむべきだった」と気づいたとき、実際に自分がしてきたことが、人生に抗い、疑うことばかりだったとしたら、これほど残念なことはありません。

これまで直面してきた複雑に入り組んだつらい状況や、予期せぬ紆余曲折があったからこそ、あなたは今ここにいます。
あなたは必要なものを全部持ち合わせています。ですから、それなしでは生きていけないと思っているものから卒業し、自分が望んでいたことさえ気づかなかったものを、見つけにいきましょう。

もうすでに、今までのライフスタイルが自分に合わなくなっていること、かつて居心地よく感じていた環境や人間関係がもはや存在しないか、自分のためにならなくなっていることに、気づいているのではないでしょうか。

素晴らしい思い出を大切にしながらも、人生の岐路に立っていることを悟り、新しい道へ、最初の一歩を踏み出しましょう。

今、あなたは、自分の本当の姿について深く知り、何らかの変化を起こすべきタイミングにきています。

すべては、心の持ち方次第です。

何を思い、何を見て、最終的にどういう人間になるかにかかっています。

本書がそのガイド役を務めます。

さあ、始めましょう。

本書出版に寄せて

アリッサ・ミラノ（米女優、#Ｍｅｔｏｏ発起人）

私たちはみな、本当の自分、つまり「強くて勇敢な真の自分」になるための旅をしています。この旅は、必ずしも順調でも、楽でもありません。

たいていの人が、自分自身を本当の価値よりずっと低い扱いに甘んじること、はっきりと意見を言うより「いい人」でいること、長年周りからそう扱われてきたというだけの理由で、自分たちを本来の価値以下にみなすことなどといった、捨て去るべき教えや常識に、何年も、時には何十年も従っています。

本当の自分をさらけ出し、自ら信じることのために言葉を見つけ、声を上げる私の旅では、幸運にも、その道のりの途中でたくさんの同志と出会いました。その多くがインターネット上で出会った人たちですが、中でも、マークとエンジェルは最も大切な旅の仲間です。

自分を信じられないという苦しみや、現代社会における孤独感が増すことによって、他の誰もが理想の人生を送っているのに、自分だけが苦しんでいるように感じることがあります。だからこそ、成功だけではなく挫折も共有し、困難に陥っている最中に「自分がどう対処しているか見せる」ことが非常に重要なのです。マークとエンジェルはまさにこれを実践しています。

人生は意表を突くできごとや挫折の連続です。これまで成し遂げようと懸命に頑張ってきたことすべてに疑問を抱くような衝撃的な瞬間も、光がまったく差し込まない単調でどんよりした日々もあります。

それでも、前へ進む方法は必ずあります。マークとエンジェルが苦労して得たことをまとめあげた本書の助けを借りれば、自分を立て直し、大局を見られるよう心の持ち方を変え、幸せを取り戻す第一歩の踏み出し方を、必ず見つけられます。

それは必ずしも簡単ではなく、あなたが自立し、独り立ちするのを見慣れていない人たちの怒りを買うかもしれません。

しかし、真実や光に向かって前進するための精神力は、私たち全員に備わっています。その力を使ってください。自分の力を認めましょう。そして、同じことができるよう他の人にも手を貸してください。みんなで前へ進むのです。

でも、まずはあなたが、自力で、最初の一歩を踏み出さなければなりません。

そして、次の人にバトンを渡すのです。

CONTENTS

GETTING BACK TO HAPPY

さあ、本当の自分に戻り幸せになろう

人生をシンプルに正しい軌道に戻す9つの習慣

CHAPTER 1 *Rituals*

習慣
いつもそうありたいと思うことを毎日実践しよう 019

CHAPTER 2

Mindfulness

CHAPTER 3

Letting Go

手放す

自分をしばっている執着を捨てよう 099

CHAPTER 4

Self-Love

自分を愛すること

自分自身をTo-Doリストに加えよう 143

CHAPTER 5

Perspective

ものの見方

人生の試練に美点を見いだそう 175

CHAPTER 8
Relationships

人間関係
自分にふさわしい愛に満ちたつながりを育もう 251

CHAPTER 9

Happiness

CHAPTER 1

習慣

いつもそうありたいと
思うことを毎日実践しよう

少しでもいいから、
毎日時間をつくりだそう。
そして、一番大切なことに
集中しよう。

私たちは、日々、「決して踏み出すことのない大切な一歩」について、もんもんと思いめぐらせながら、ただ無駄に時間を過ごしているものです。

毎日といっていいほど起きる不運なことや問題に、しっかりと向き合わないために、必要以上に長く苦しむこともあります。

「本当の自分を取り戻し、幸せになる旅」に大きくこぎ出る前に、知っておいてほしいことがあります。それは、小さなことでも、毎日必ず行う習慣が、あなたの乗る船を、ぐっと大きく前に進ませる櫂になるということです。

毎日の行動が、自分をつくる

習慣に関する話を一つ紹介しましょう。

1911年、ロアール・アムンセンとロバート・ファルコン・スコットという2人の探検家が、前人未到の南極点への一番乗りをかけた競争を始めました。

当時、南極は世界地図上の最後の空白地帯の一つであり、南極探検は盛んに行われていました。アムンセンは母国を代表してノルウェー国旗を南極点に立てたいと願い、スコットは英国の威信をかけて、先に南極点に到達したいと願っていました。

ベースキャンプから南極点までの往復距離は約2253キロメートル。ニューヨーク―シカゴ間の往復にほぼ相当します。アムンセンもスコットも、極寒の厳しい気象条件の中、同じ距離を踏破しようとしていました。経験や食糧・物資、探検家の仲間で構成するサポートチームについても、2人の条件は同等でした。

後でわかったことですが、アムンセンとスコットは、同じ挑戦にまったく異なるアプローチで臨んでいました。

スコットはチームに対し、天候がよい日にはできるだけ長い距離を進み、悪天候の日は休養してエネルギーを温存するよう指示しました。

一方のアムンセンは、気象条件にかかわらず、毎日きっかり32キロメートル進むことで、日々一定の前進を果たす厳密な計画を守るようチームに指示を出しました。もっと長い距離を進むことができた非常に温暖な晴天の日にも、アムンセンのチームは翌日に備えてエネルギーを温存し、32キロメートルを超える距離は進まないことにあくまでこだわりました。

結局どちらのチームが成功したでしょうか？

よい結果を収めたのは、毎日一貫した行動をつづけたアムンセンのチームでした。それはなぜでしょうか？　毎日の行動が人をつくるからです。

どんなに小さなことでも、昨日の努力は、必ず今日の進歩につながります。何もしない自分にうんざりしているよりも、毎日有意義な努力を少しずつ重ねて、へとへとに疲れるほうが、どれほどいいでしょう？

私たちは、面倒なことを、さまざまな理由をつけて、翌日、また翌々日と先延ばしした挙句、それを実行する勢いを失ってしまいます。目の前のことに対して、「今自分が見えているよりは簡単なはず」「1日、2日寝かせたほうがいいだろう」などと考える癖が染みついています。

そしてある日目覚めると、やらなければならない大切なことに心がついていかず、取り組めなくなっているのです。

でも、面倒なことを避けてばかりいたら、想像以上に厳しい日々が否応なく訪れたときに、くじけてしまいます。

スコットのチームはまさにこの状態に陥っていたのでしょう。彼らは物事をより楽に進めようとしました。「より楽に」という幻想が合言葉に、つまり無意識の目標になったのです。しかし、この幻想は南極点までの往復2253キロメートルに及ぶ徒歩レースの間には、決して実現しないものでした。

スコットのチームは地上だけでなく、心の持ち方でも最初から負けていたのです。

毎晩15分の習慣で、幸せに気づき、人生を取り戻し始めた

前にもお話ししましたが、愛する人を病気で亡くし、仕事まで解雇されて生活の糧を失った私とマークは、しまいにはもともと持っていたはずの自分らしさや、相手に対する思いやりまで失っていました。

雨が降りしきる夏の日の夕方を、今でも昨日のことのように鮮明に思い出すことができます。

その時期、私たちは、意味のあることを率直に語り合うことはほとんどありませんでした。マークは、起きた不幸なできごとに対して何もできない自分を無力だと感じ、ネガティブ思考の闇の中をさまよっていました。

その夏の日の夕方、彼は冷たい床に横たわっていました。

彼は、ふと顔を上げ、すぐそばの開け放った窓から外を眺めました。その瞬間、突然雲の切れ間から月が顔を出し、暗い部屋を照らし出しました。その直後、そよ風が窓辺の白いカーテンを揺らし、入り込んだのです。

カーテンが翻って1メートルあまり離れた彼の体に触れたとき、彼は数日ぶりにほほ笑みました。そして「やっぱり、人生は素晴らしい奇跡の連続でできているんだな」とつぶやいたのです。

私とマークは、今目の前にある困難を動かせないことは認めて、今自分たちが感謝できることを思いつくまま挙げていくことにしました。

今自分たちが感謝できること

・おたがいがそばにいること
・自分を愛してくれる両親や家族、友人がいること
・自分や家族、友人の大半がおおむね健康であること
・住む家や水、食べものがあること
・この暗い部屋を照らす月明かりの美しさや、カーテンを踊らせるそよ風の気持ちよさを感じ、味わえること

リストは当然もっとつづきますが、要点はおわかりでしょう。

「何もかもうまくいかない」と思ったときでさえ、うまくいっていること、感謝すべきことは、たくさんあるのです。

その夜、私とマークは考え方を変え、「今の生活の中で感謝する」という15分間の習慣を毎日取り入れることにしようと決めました。毎晩15分間、感謝していることとその理由について、集中して考えることにしたのです。

取るに足らないありきたりな行為に思えるかもしれません。でも、こうした習慣が、人生を変えてくれたのでした。

この「感謝の習慣」を実践するうちに、私たちの人生に次のような変化が起きました。

人生に起きた変化

- 家族や親しい友人のよい面に今まで以上に目が向き、感謝の気持ちが増した
- 周囲の人たちにも自分にも優しくなれた
- 不平を言わなくなり、イライラが減った
- 持っているものに心から感謝するようになり、多くを必要としなくなった
- ささやかな喜びやちょっとした瞬間に以前よりも気づけるようになった

・生活の中で遭遇する避けられない困難を楽に克服できるようになった

これらは決してささいな変化でもありきたりな変化でもありません。この習慣は私の考え方や生き方を根本から変えたのです。

シンプルな習慣によって、人生は間違いなく変わります。

私たち夫婦は当初、感謝の習慣を無力感の淵から立ち直るために取り入れました。その目的がどうあれ、毎日のこの習慣を持つことは、人生を好転させるためにできる最も効果的な方法の一つです。

この本の最初の章では、本書全体を通してお伝えする「幸せになるために、日々やるべきこと」を、毎日の習慣として取り入れるための方法について、説明します。習慣を取り入れる際の心がまえ、つづけるためのしくみづくり、さまざまなアイデアなどを紹介していきます。

BE HAPPY 01

「毎日つづけること」だけに集中しよう

アカデミー賞授賞式では、必ず受賞者によるスピーチがあります。こうしたスピーチには、ある共通点があります。みな一様に、次のように述べているのです。
「今回の受賞は私にとって非常に大きな意味を持っています。今までの人生のすべてが、この瞬間につながったのです」

人生で経験したよいことも悪いことも、
その中間にあることもすべて、
「たった今経験しているこの瞬間」につながっています。

私たちは、どこへ行きたいかにかかわらず、今この地点が、まさにいるべき場所だということです。今、あなたがどこに立っていようと、「次の一歩」は、自由に踏み出すことができます。

後は、正しい方向に新しい一歩を踏み出し、さらに一歩また一歩と進んでいくだけです。

ただし、それは決して簡単ではありません。

前に進もうとすれば、立ちふさがる壁を、避けて通れないからです。

そこで、まず簡単な質問です。

あなたの望みが何であれ、その行きたい場所に、どうやってたどり着くつもりでしょうか？

たとえば、いつかもっと幸せになりたい、体調を改善したいといった自分の基礎部分に関する望み、あるいは作家、アーティスト、グラフィックデザイナー、プログラマー、教師、いい親、起業家、特定分野のエキスパートになりたいなどといった仕事や夢に関する望みなどがあるでしょう。

では、そこにたどり着くまでのロードマップを描いていますか？　小さなカードに自分の希望を書き、広い世界のどこかにいる誰かがそれを読んで、その希望を叶えてくれることを願いつつ、カードを入れた瓶を海に投げ込みますか？

残念ながら、誰もあなたの望みをかなえてはくれません。

望みをかなえるのは、自分自身です。

もう一つ質問です。1～3年以内に達成すべき具体的な目標を設定していますか？　これまでの経験を振り返ってみて、何度その目標を達成し、望んだ結果につながったでしょうか。たとえ目標を設定していても、それだけでやるべきことが済んだわけではありません。

自分が掲げた目標に集中しすぎないこと

目標がポジティブな変化をもたらすのではなく、毎日の習慣がポジティブな変化をもたらします。それが真実です。

マンネリを感じている、重大な危機に陥っている、これまで先送りしていた目標に取りかかろうとしているなど、現在の状況にかかわらず、本当の変化は、今日、明日、そして毎日行動することから始まります。すべての壮大な旅の最初の一歩のように、毎日習慣にしていることが、あなたを前に進ませ、目標到達へと導くのです。

じつは、私たち夫婦も、自分たちで設定した目標に向けてわずかな前進を果たすのに、何年も苦労しなければなりませんでした。新しい目標に挑戦しては挫折し、最悪の気分を味わいました。どれほど頑張っても目標を果たせず、強さも知性も自制心も足りないと、いつも自分たちを責めていました。

でも、問題は強さや知性、自制心がないことではありません。効果のない方法で目標に集中していることが問題だったのです。

私たちは、人生で達成したい大きな目標のことは頭から離れませんが、その目標を最終的に達成に導いてくれる「継続的な行動」には、まったくといっていいほど、目を向けていないものです。

そう、目標自体に集中しすぎているのです。いまだ達成していない大きな目標が重くのしかかり、そのことが私たちが前に進むのを遅らせ、不幸な状態を長引かせます。

ですから、目標そのものではなく、目標達成を支える「習慣」に意識を移しましょう。では、目標と習慣の違いをくわしく見ていきましょう。

目標と習慣の違い

・小説家なら、「目標」は小説を書くこと。

「習慣」は毎日自分の考えを言葉にする作業に打ち込むこと。

・親なら、「目標」は優れたロールモデルになること。
「習慣」は毎日時間と労力を割いてよい手本を示すこと。
・人間なら、「目標」は有意義で幸せな人生を送ること。
「習慣」は毎日少しずつポジティブな進歩を積み重ねること。

次に、こう考えてみましょう。しばらくの間、目標に注目するのをやめて、「毎日やるべきこと」だけに集中するのです。

たとえば、ダイエットに挑戦しているなら、10キログラム減らすという目標について考えるのをやめて、その代わりに毎日健康的な食事をとって運動することだけに集中したら、体重は減るでしょうか？　間違いなく減りますよね。つまり、目標のことを改めて考えなくても、目標体重の達成に少しずつ近づいていきます。

目標達成を支える毎日の習慣をつくらない限り、何も変化しません。

そして、目標達成を支える「毎日の習慣づくり」にあまり乗り気にならないようなら、口で言うほど本気で人生を変えたいとは思っていない証拠です。

今この瞬間以降、
あなたの人生で遂げる進歩はすべて、
「毎日つづけること」にかかっている。

BE HAPPY

02 小さく変えることからスタートしよう

「とはいえ、実際何から手をつければいいのか？　どうすれば新しい習慣を身につけられるのだろう？」

そう思っているかもしれませんね。うまくいく習慣のルーティン化について、もういくつか知っておくべきことがあります。

「今変えたいこと」に意識を向けることから始める

ルーティンに加えたい習慣を検討するときは、まず「自分の生活の中で改善したいこと」に意識を向けてください。

改善したいことを選んだら、次の４つについて、考えてみましょう。

(1) あなたを悩ませていることは何ですか？　変えたいことは何ですか？

今の状況を具体的に考えてみてください。

② 今の状況の一因となっている毎日の習慣は何ですか？
どのような行動が現在の状況につながっていますか？
③ あなたにとって理想的な状況を具体的に考えてみてください。
あなたを幸せにするものは何ですか？
④ 今の状況を理想的な状況に変えるきっかけとなるような、毎日取り入れられるものはありますか？　それは、どのようなものですか？

今の状況を困難だと感じていたり、気持ちが苦しかったりするときは、必ずこの4つの質問を自分に投げかけましょう。今の生活の中のネガティブなルーティンがどこからきているのか、それを変えるために何が必要かがわかります。

たとえば先日私は、自分のストレスの大半が常に慌ただしい状態から生じていることに気づきました。仕事が十分にできていないことが不安で、休みなく働いていたのです。夫のマークや息子と充実した時間を過ごす機会を逃し、「おはよう」の挨拶を交わす前からSNSをチェックすることもたびたびでした。

このネガティブなルーティンを変えるためには、もっと落ち着いた状態で一日を始める必要があると考えました。

そこで起こした小さな変化が、朝のルーティンに、新たにポジティブな習慣を取り入れてゆとりを持つことでした。

朝起きてすぐにメールやSNSに向かうのではなく、しばらくパソコンから遠ざかる、夫婦2人だけの時間をつくる、コップ1杯の水を飲む、紅茶を淹れてよりマインドフルな状態で一日を始められるようにするなどといった「ゆったりした朝の時間」を過ごすようにしました。

習慣はこのくらいシンプルなものでかまいません。そして、新しい習慣を始めると決めたら、それが何であれ、長期的にライフスタイルを変えるものと考えましょう。ストレスを感じるものであってはなりません。欲張りすぎないやり方が肝心です。

次に紹介する4つの「習慣化の心がまえ」は、非常にシンプルですが、これをしっかり守れば、基本的に失敗しようがありません。

初めて聞くものもあれば、これまでの人生で100回聞いたものもあるでしょうが、すべて覚えておくべきものばかりです。

習慣化の心がまえ 1

習慣を取り入れるのは一度に1つだけにする

このルールは、残念ながらほとんどの人が破ってしまいがちです。欲張って手を広げすぎると、何ひとつやり遂げられないということを覚えておきましょう。

自分の中にポジティブな変化を1つだけ起こすことに集中し、1ヵ月でこれを習慣化します。量を増やしたり、2つめに取りかかろうと考えるのはそれからにしましょう。それがうまくいけば新しい習慣を追加し、うまくいかなければ、身についたと実感できるまで1つの習慣に専念してください。

習慣化の心がまえ 2

短い小さな習慣から始める

15分で終わる小さな習慣から始めましょう。やっている途中で強い抵抗を感じたり、15分でもうまくいかなかったりするときは、5分あるいは3分に時間を短縮して1ヵ月間つづけてください。時間を延ばすのはそれからにしましょう。

一度に大きな変化を起こすには、相当な気概と決意に加え、多くの時間とエネルギーが必要です。また、あなたが既にかなり多忙なスケジュールを抱えているなら、そこに新しい習慣を組み込むのは難しく思えるでしょう。

たとえば、1時間の運動は、1、2回は実行できるかもしれませんが、その後、十分な時間がとれないと感じて途中で投げ出してしまいがちです。一方で、毎朝起きたときに10回だけ腹筋運動をするという小さな習慣のほうが、始めるのもつづけるのもはるかに簡単ですよね。

新しい習慣を始めて2、3日もすると熱が冷めてくるものですが、小さな習慣なら100%楽につづけられます。何よりもつづけることが肝心なのです。

習慣化の心がまえ 3

慣れ親しんだルーティンを変えるという苦痛を受け入れる

新しい習慣を始めるときは、慣れ親しんだ状況、つまり「今までの自分のルーティン」を何らかの形で変えることを強いられます。こうしたルーティンの変更には、当然若干の苦痛を伴います。

たいていの人は苦痛を感じるのを嫌がり、苦痛を伴う可能性のあることから常に逃げようとします。こうして、苦痛から逃れることで、「居心地のいい空間（コンフォートゾーン)」での活動や機会にしかかかわらなくなっていきます。

ふだんやっていることをやりつづけるだけでは、いつまでたってもふだん得ている成果しか得られません。私たちのコンフォートゾーンは比較的狭いため、今までにない素晴らしい経験を味わう機会を失い、目標に集中しすぎて消耗するサイクルから抜け出せなくなります。そして、自分の中の真の潜在能力が発揮されずに終わってしまいます。

習慣化の心がまえ 4

習慣化には時間がかかると覚えておく

「今すぐ結果を出したい！」そう思うかもしれませんが、小さな変化の積み重ねが、やがて大きな変化につながるということを理解することから始めましょう。

誰もが、その瞬間に没頭できて、その場ですぐ得られる満足感を求めています。そしてその熱望に駆られて、余計なことに手を出そうとするのです。

実際私も、こういうことが何百回と起こるのを目の当たりにしてきました。1つの大きな目標を一気に達成したがったり、集中して取り組む習慣を1つか2つに絞ることができなかったりと、何一つ価値のあることをやり遂げられない人が、たくさんいました。

新しい習慣が生活の一部になるには60日かかると思っておきましょう。60日経つころには、習慣が身についていると感じられます。生活の中で、自分が起こしたポジティブな変化が見え始め、その変化によって、「なりたかった自分」に近づいていることに気づき、努力が実を結び始めたと実感できるでしょう。

自分に対する信頼を取り戻すことが不可欠

過去に何度も失敗を繰り返し、すっかり自信を失っていると、自分への約束を果たそうとするより、いつしか先延ばしを選ぶようになっていきます。

要するに、自分自身への信頼を失っていくのです。いつも嘘ばかりついている相手をそのうち信用しなくなるのと同じです。常に失望に終わる自分を、やがて信用しなくなります。

けれども、小さな約束、毎日の習慣という「小さな一歩」から始まる「小さな達成」を積み重ねていくと、徐々に自分への信頼を取り戻すことができます。

ある程度時間はかかりますが、あきらめずにつづけていれば、思っていたよりも早く成果が現れます。こうした積み重ねが、自分で実行できる最も重要なことの一つであるのは間違いありません。

人の価値は、

どのような行動をとっているかで決まる。

BE HAPPY 03

習慣がつづくしくみを取り入れよう

習慣を取り入れるための心がまえは理解できたでしょうか？
ここからは、６つの「習慣がつづくしくみ」を紹介します。

習慣がつづくしくみ　１

一日を軌道に乗せる「ポジティブトリガー」を設定する

作家のマヤ・アンジェロウは狭いホテルの部屋でしか執筆しませんでした。同じく作家のジャック・ケルアックは、執筆のために腰を下ろす前に、必ず地面に９回触れたといいます。

実際に、私が長年仕事をしている芸術系のクライアントや学生の多くは、クリエイティブなプロジェクトに取りかかる直前に、瞑想や歌、ランニング、２時間のトレーニングなど、さまざまなことを行っています。

例として、私たちのクライアントのある男性の朝のルーティンを見てみましょう。

彼は午前6時に起床すると、トレーニングウェアに着替え、お気に入りのマルーン5の"Don't Wanna Know"から始まるミュージックリストを聴きながら自宅周辺を歩いた後にスポーツジムに行き、45分間汗を流し、その後はジョギングしながら15分かけてゆっくりと家に戻ります。

この朝のルーティンのカギは「お気に入りの"Don't Wanna Know"から始まるミュージックリストを聴くこと」です。これが、朝の運動習慣をつづかせる「トリガー」の役割を果たしています。

つまり、この習慣の一番重要な部分は、ジムでのトレーニングやジョギングではなく、毎朝ミュージックリストを聴いてからジムに歩いて向かう過程です。これがトリガーとして、一日をしっかり軌道に乗せる働きをし、帰宅したときは気分爽快、万事スムーズに意識が整い、働く準備ができています。

では、あなたの毎日について考えてください。

一日をどう組み立てていますか？
創造力や生産性を高めてくれる自分の「ポジティブトリガー」に思い当たりますか？

早起き、特定の場所での作業、朝一番の筋トレなど、何でもかまいません。

自分を一定のリズムに乗せるトリガーを見つけてください。そして、そのトリガーを起点として、一日を意識的に組み立ててみるのです。

毎日無意識にできる健康的なトリガーと習慣によるルーティンがあれば、リズムに乗っているときに自然に思考を活性化させたり、生産性を高めるために心を整えたりすることができます。さらには、こうした自分に合った方法によって、優れた直観力を発揮できるようにもなるのです。

当然、ルーティンは状況によって変わりますから、その都度調整して、効果的で適切なトリガーと習慣を組み込まなければなりません。

習慣がつづくしくみ 2

「記録」の力で、鎖を切らすな

一度始めた習慣は毎日実行するものだと述べましたが、それが簡単でない場合もあります。始めたばかりのころは特にそうです。

自分にとって一番効果的なトリガーがわからないときは、「鎖を切らすな」と私たちが呼ぶ、物事をつづけたくなる、簡単で視覚的なトリガーをおすすめします。

たとえば、あなたが日記をつけることを習慣化したいとします。その場合、目につくところにカレンダーを置くか掛けるかして、日記を書いた日付に◯印を入れていきましょう。カレンダーを見れば、これまでの進捗や今日やるべきことがすぐに確認できます。毎晩日記をつけて、カレンダーに◯印を書きつづけていると、2週間後にはカレンダーに連なる◯印を無視するのはますます難しくなります。

カレンダーに記録することは、視覚的なモチベーションになり、毎日習慣をつづけるための、「ちょっとした後押し」となってくれます。

習慣がつづくしくみ 3

目に見える場所に「リマインダー」をかかげる

ダイエットをしたくても、疲れているときは、運動や正しい食生活を始めるのを翌日に先延ばしし、それを正当化しようとするものです。

より収益性の高いビジネスを立ち上げたいのに、日々の単調な仕事に追われているときは、成長に必要なことではなく慣れた作業ばかりやってしまいがちです。

忙しいときには、身近な人と親密な関係を育みたくても、「クライアントへの提案書をつくる必要があるから余裕がない」と理屈をつけがちです。

難しい状況に陥ると、人はつい楽な道を選んでしまうもの。楽な道はたいてい間違った道につながるにもかかわらず、ついそうしてしまうのです。それを避けるために、弱い衝動から自分を引き戻す「目に見えるリマインダー」をつくりましょう。

高額な借金をこの5年間で完済したある友人は、クレジットカード残高のコピーをパソコン画面にテープで貼りつけ、返済すべき借金を忘れないためのリマインダーにしています。

別の友人は、今より20キロ太っていたころの写真を冷蔵庫に貼って、二度と戻りたくない体重を思い出す手段にしています。

デスクに家族の写真をたくさん飾っている人もいますが、それは、家族の写真を眺めるのが好きだからという理由もありますが、仕事が大変なときにその写真を見ることで、最終的に誰のために働いているのかを思い出すためでもあります。

目標やその達成に必要な習慣から自分を遠ざける衝動に、最も負けやすい瞬間はいつでしょうか？

湧き起こる衝動をよいかたちで制限し、目標までの正しい軌道を保つために、目標を思い出させる視覚的なリマインダーをつくり、活用してみましょう。

習慣がつづくしくみ 4

自分で決めた習慣が実践できているか定期的に問いかける

習慣をつづけ、成功させる最も重要な手法の一つが、その習慣の実践について、説明責任を負うことです。

月の初めに、自分で決めた習慣の実践に対して、説明責任を果たすための質問を、たとえば10問、自分で書き出します。質問は月によって少し変わる場合もあれば、まったく同じ場合もありますが、必ず自分で決めた習慣についての質問にします。

私たち夫婦の場合、「今日、1時間つづけて執筆したか？」「今日、15分間瞑想したか？」「1時間息子と一緒に過ごしたか？」といった質問が必ず含まれています。それぞれ自分への質問を書き出したところで相手と紙を交換し、毎日その質問をし合うのです。マークの書いた質問を私が投げかけ、私の書いた質問をマークが投げかける、という具合です。こうすれば、自分が自分に尋ねようとしている質問なので、互いに問い詰め合っている感覚は薄れます。

このように、自分に問いかけるだけでなく、信頼できる「説明責任パートナー」を見つけることが大切です。

近くにいる人でも遠くにいる人でもかまいません。質問のやりとりはメールでもできます。毎日そのパートナーと対話しましょう。書き出す質問の数はいくつでもかまいませんが、5〜10問程度がおすすめです。

自分への質問は、生活の中でどんなことを習慣化したいのか考えるきっかけになりますし、説明責任パートナーも習慣化を手助けしやすくなります。

また、自分が習慣を守ることを身近な人に約束すれば、説明責任をさらに拡大することができます。約束する相手は夫や妻、親友でもかまいません。毎日の習慣の実践を、大切な人や失望させたくない相手との約束にしてしまうのがカギです。

習慣がつづくしくみ 5

サボったときの罰を決めておく

毎日の習慣を実行しなかったときの最も重い罰は、前述で習慣の実践を約束したパートナーからの尊敬を失うことですが、もう少し面白い罰を決めておくこともできます。

たとえば、先日夫のマークは、友人のグループに対して、決めた習慣をサボったら、その都度自分の気に入らない政治運動にまあまあの額を寄付すると約束しました。それが嫌で、マークはいまだにサボったことはありません。習慣を実行しなかったら、知らない人たちの前で恥ずかしいカラオケソングを歌う約束もしています。

毎日欠かさず実行できた週には何がしか見返りがあるなど、ごほうびを設定してもいいでしょう。また、2日連続でサボったときは罰をより厳しくし、3日連続のときはさらに厳しくするのも一案です。

習慣がつづくしくみ 6

感謝のマントラを唱える

目の前の現実がつらいときにも、一度始めた習慣をつづけようと、ポジティブなエネルギーを無理に奮い起こそうとすることがあります。

でも、むやみに奮い起こそうとしても、それは難しいというもの。そんなときは、「感謝のマントラ」を唱えてみませんか？　私とマークもこれを実践したことはP26で紹介しましたね。

次に紹介するマントラの例を、ぜひ役立ててください。

感謝のマントラ

・ネガティブにならざるを得ない状況かもしれない。でも、ポジティブになるべき理由はないだろうか？　一つ考えてみよう。

・あらゆる状況を、自分が「こうあるべき」と思うことに当てはめず、ありのままに受け入れて、その中で最善を尽くそう。

・一瞬一瞬を大切に生き、大事な意味を持つ小さなことに感謝して、今日一日笑顔でいるようにしてみよう。

・ほしいものがいつでも手に入るわけではない。でも、今自分が持っているものを、決して持つことのできない人たちが大勢いる。それを忘れないこと。
・人生に感謝しよう。健康であること、家族や友人がいて、家があることに感謝しよう。
・自分の問題について文句を言うのをやめて、自分が抱えていない問題すべてに感謝しよう。

何もかもうまくいかないと思える日や、自分の習慣を見失って悲観的になったときには、これを繰り返し自分に語りかけ、じっくり考えてみてください。

今の自分の状況を意識しなければ、それを変えるべきか否か、どうやって知ることができるでしょう?

このマントラを使って今感謝すべきことに目を向けると、そもそもなぜ自分が始めると決めたその習慣を実行しているのか、思い出すことができるはずです。

BE HAPPY

04 思考を変える行動習慣を取り入れよう

ここまで読んだところで、生活の中で起こしたい具体的な変化が頭に浮かび、その変化を起こすのに役立つ習慣づくりについて、一通り理解できたことでしょう。

そのさらなる後押しのために、今の思考を変えて、幸せを取り戻すのに役立つ、5つの具体的な「思考を変えるアイデア」を紹介します。ぜひ取り入れてみてください。

思考を変えるアイデア 1

空想するための時間をつくる

昔、学校の先生に何と注意されたとしても、空想することは決して時間の無駄ではありません。私たちの頭には、好きなだけぼんやりできる休息の時間が必要です。

毎日の中で、そのための習慣をつくりましょう

神経科学者が明らかにしたところによると、空想には想像や創造的思考と同じ脳内プロセスが関与します。『*Ode to Positive Constructive Daydreaming*（肯定的・建設的空想のすすめ）』と題した研究論文の共著者である心理学者のレベッカ・マクミランによると、空想はアイデアや複雑な問題に対する解決策の「創造的培養」に役立ちます。

忙しい毎日の中で、あえて空想する時間を確保し、習慣としてスケジュールに組み込むのは、抵抗があるかもしれません。

私たちは、一日の時間の大半を「生産性モード」で過ごすようにプログラミングされていますから、そのモードから脱するにはしばらく時間がかかります。立て続けに動き回る毎日に慣れていると、まったく何もしない時間を自分に与えると違和感を覚えたり、罪の意識さえ感じたりするかもしれません。

それでも、日常生活の中で何もしない時間をとることによって、自然と空想できるようになります。

一番大切なのは、まずシンプルに、休息する時間を自分に与えることです。

一呼吸ついてくつろいでもまったく問題ないとわかれば、寝転がって思考の流れに身を任せられるようになります。リラックスしてぼんやりしているときに浮かぶアイデアに、自分でも驚くはずです。

思考を変えるアイデア 2

まったく新しい経験を取り入れる

今までやったことのないことに挑戦し、習慣にしてみましょう。ロッククライミングやダンス教室に通うといった活動でも、見知らぬ人に話しかけるといったささいなことでもかまいません。少なくとも週に1回程度は取り入れましょう。

これは、新しい経験や感動、心理状態を好きになれるようなマインドになるということです。いったん新しいことを始めると、その経験の多くが、今は想像すらできない人生を変える新たな視点への扉を開いてくれます。なぜなら自分の成長は、常にコンフォートゾーンから外れたところで始まるからです。

新しい経験をしているときは、いつもと違う考え方をしなければなりません。目新しい状況に置かれると、「ひとりの人間としてできること」を否が応にも認識できるはずです。

そして、新しい経験へと踏み出す小さな一歩を積み重ねることによって、思考を妨げる最大の障害である「不安」という感情を回避できるようになります。と同時に、既成概念にとらわれない思考もできるようになるでしょう。

思考を変えるアイデア3

ポジティブなことに注意を向け直す

時には、ポジティブなことを意識的に選択し、注意力散漫な頭に助け舟を出してあげてください。

物事がうまくいっているときや気分がよいときは、これが簡単にできますが、厳しい状況に置かれていたり、ネガティブな考えにとらわれたりしているときは、非常に難しくなります。

ですから、一日を振り返って、今日起きた「よいこと」を1つ見つけてください。ささいなことでかまいません。それを習慣にするのです。

今日起きたことの中で思い当たらなければ、前日でも数日前でもかまわないので振り返ってみましょう。

ネガティブな考えが頭に浮かび始めたときこそ、どんなにささいでもポジティブなことに注意を向けられることが肝心です。


ショーン・エイカーは著書『幸福優位7つの法則 仕事も人生も充実させるハーバード式最新成功理論』(徳間書店)の中で、診断を下す前にポジティブな気分になった医師は、ニュートラルな状態の医師と比べて知的能力が大きく高まり、20%近く早いタイミングで正確な診断を下せることが、最近の科学研究で明らかになったと述べています。同じ研究で他の職業の人々についても検証が行われ、楽観的な営業マンは悲観的な営業マンに比べて50%以上も営業成績がよいことがわかりました。

また、数学のテストを受ける前に幸福な気持ちになっている学生は、ニュートラルな状態の学生を大きく上回る成績を挙げています。

つまり、私たちの頭の中は、ネガティブでもニュートラルでもなく、ポジティブな状態にあるときに、自分の能力を最大限発揮できる構造になっていることが、ここからわかります。

もちろん、決してイライラしてはならないというわけではありません。

ですが、ネガティブな感情にとらわれるのではなく、それを意識的に受け入れて手放す習慣を身につければ、あらゆる点で、今よりもっと幸せに向かうための思考ができる人間になれるはずです。

自分が抱える問題をあれこれ管理しようとするよりも、自分の「ものの見方」をコントロールすることに、より重点を置くようにしてください。

ものの見方については、CHAPTER5でくわしくお伝えします

思考を変えるアイデア 4

意識的に「呼吸」し、リラックスする

意識的にリラックスすることとは、心と体を回復させるカギです。その方法はたくさんありますが、すべての基本は、「呼吸」に意識を集中させることです。

呼吸は生活環境と自分の意識をつなぐ橋であり、体と思考を結びつけます。ストレスを感じるときは10分間休憩をとり、静かに座って呼吸に意識を集中させましょう。ドアを閉め、気を散らす原因となるものはすべて片づけ、イスに座って

目を閉じたまま、ただ呼吸します。

この習慣の目標は、呼吸で自分の胸が上下する感覚だけに集中することによって、心配事で気が散ったり考えすぎたりするのを防ぐことです。

簡単なようですが、1、2分以上つづけるのは、始めたばかりのときは特に難しいものです。ふと浮かんだ考えに意識がそれてもまったく問題ありません。再び呼吸に意識を戻せばいいのです。

ストレスや忙しさで思考が散漫になったときはいつでも、呼吸をして、少しの間「今」に集中するだけで、気分がぐっとよくなります。

思考を変えるアイデア 5

ノートに日記をつける

米国の著名な司会者オプラ・ウィンフリーも、アーティストのエミネムも、作家J・K・ローリングも日記をつけています。

幸せな生き方や人生を選びとっている人たちはみな、自らの歩みを記録し、目標を設定し、振り返り、間違いから学んでいます。そして多くの場合、そのために「ノート」を使っています。

人生でたどり着きたい場所があるなら地図が必要です。あなたのノートが、その地図の役割を果たします。

ノートは自分と向き合い、大切な思いを文字にし、自分がかつていたところ、これから行きたいところを記録する場所です。

今日何をしたか、何を成し遂げようとしたか、どこを間違えたかなどを書き留めることができます。

日記をつけることとは、これまで述べてきた習慣をいくつか組み合わせることができる素晴らしい方法です。今の自分にとって大切なことをすべて書き出すことで、自分が何に対して感謝しているか、思い出すことができます。

ぼんやりと頭に浮かんだ考えを日記に書いて、後から微調整してもかまいません。

ポッドキャストで聴いたことや読んだ本の中で心に響いたことを振り返るための場として、日記を使うこともできます。

BE HAPPY

05

朝の光パワーを使いこなそう

**よい朝と、それにつづくよい一日は、
ただ魔法のように実現するものではありません。
意識的につくるものです。**

ほとんどの人が毎朝のスタート時から気が散っているため、意思の力が弱くなり、フラストレーションをためたまま、調子の悪い一日を過ごしています。

そう、私たちは、朝の時間が一日の基礎をつくり、本当に幸せな人生のために重要であることを忘れています

朝は、十分睡眠をとって休息した後のエネルギーに満ちた時間帯であるにもかかわらず、ＳＮＳをチェックしたり、テレビを観たり、自分でコントロールできないことをくよくよ悩んだりといった「どうでもいいさまつなこと」に時間を使いがちなものです。

また、朝起きたときから既にストレスを抱えていると、電話が鳴る、メールやLINE、SNSの受信音が何度も鳴る、問題が発生するなどといった事柄への受動的な対応に一日を費やすことになります。

自分にとって優先順位が高いもの、つまり自らを成功に導くものに取り組むのではなく、重要かそうでないかにかかわらず、投げられた課題にひたすら対処するしかなくなり、率先した行動をとれなくなるのです。

一日の始まりに感情が落ち着いていればいるほど、一日を冷静に過ごせるものです。

今から紹介する、人生を変える「よい朝の習慣」を実行するのに、他人のスケジュールに合わせる必要はまったくありません。誰もが夜明けとともに起きるわけではなく、同じスケジュールで生活しているわけでもありません。ですから、起きてから4時間以内、つまり「自分にとっての午前中」にこれらをやり終えることです。

また、P37で、習慣を取り入れる際の心がまえとして、「少しずつ」取り入れることの重要性をお伝えしましたが、それも思い出しましょう。まず1つから始めて、その後2つめ、3つめと加えていくようにしましょう。

よい朝の習慣1

朝食後すぐに食器を洗う

毎朝簡単なことから始めましょう。

あなたは今、一日で最も大切な食事を終えました。トーストを食べたのなら、お皿とバターナイフを洗います。朝のコーヒーを飲み終えたら、コーヒーポットとマグカップを洗いましょう。後で洗うつもりでシンクやカウンターに汚れた食器を放置してはいけません。すぐに洗ってください。

このように一皿ずつ、毎朝この習慣を積み重ねてください。数週間つづけたら、今度はシンクを、さらにはカウンターを拭くようにしてもよいでしょう。その次はベッドの整頓と、体によいお弁当づくりをしてみましょう。さらに、腹筋運動を始めて、数分間瞑想をしてもいいですね。

こうして、毎日少しずつ習慣を積み上げていくのです。

これらをつづけることで、自制心がきたえられるだけでなく、「自分は意識的に、主体的に、集中してやるべきことができているんだ」ということを実感できるでしょう。

よい朝の習慣2

15分以内の運動で心と体をきたえる

運動は人生を変える一番手っ取り早い方法です。

体をきたえるだけでなく、心もきたえられるからです。

また、自分の人生のあらゆる状況が混沌としているように感じるときでも、運動することで、「自分自身をきちんとコントロールできている」というポジティブな感覚を、潜在意識に植えつけることができます。

自分の体は、自分にしか動かせません。
前に進むために自分を駆り立てることができるのは、自分だけです。
どこまで自分を追い込むか選べるのも、自分だけです。

こうして自分をコントロールできた状態で一日をスタートすると、世の中を渡っていくのがはるかに楽になります。

運動は、ほとんどの疾患や人生の課題に効き目がある万能薬です。軽度から中度のうつ症状を劇的に軽減し、不安を和らげ、過度なストレスによる悪い影響を打ち消すといった効果があります。

それほど素晴らしいのに、なぜ毎朝たった15分以内の運動なのかというと、簡単なことから少しずつ始めるのがつづけるコツだからです。15分で強い抵抗を感じるときは、時間を10〜7分に短縮して、最低1ヵ月はつづけてください。無事につづけられるようになったら、運動する時間を増やしましょう。

よい朝の習慣 3

瞑想で心を落ち着かせる

たった15分間の朝の瞑想でも、ほとんどの初心者にとっては至難の業です。みな最初の数回瞑想を試す間に、心を静めるのはほぼ不可能なのではないかと感じます。そのため、多くの人は一度か二度瞑想を試しただけでは、その価値を見出せません。

瞑想では、「自分や周りの環境をコントロールできている」という実感が、運動ほどすぐには得られません。それでも、辛抱して練習を重ねれば、瞑想は非常に大きな効果を発揮します。

瞑想によって、内側に閉じ込めてきたものを、最終的に自分の中から引き出すような、より深いレベルのコントロールができるようになります。ふだん意識を向けずにつながりを絶っている心身のあらゆる部分にアクセスし、本当の自分とつながることができるのです。

朝の瞑想は、精神的ストレスを軽減することと、「今、ここ」への集中力（意識）を高めるという2つの実用的な効果があります。

瞑想により、もっとリラックスして落ち着いた状態で朝を過ごせれば、それ以降に起こるあらゆるできごとに、今以上に楽に対処できるようになります。

やり場のない焦りや、肩の緊張、とりとめのない希望、意識の奥底にひそむ漠然とした悲しみなどを十分に認めて、受け入れられるのです。

こうして朝から自分の内面を認め、受け入れることによって、よりよい解決策や、より有益な対処法を見つけられるでしょう。と同時に、周りの環境をポジティブにとらえ、状況はよくなっているという感覚を持てるようになります。

逆に、朝からストレスがたまって注意力散漫な状態だと、心は乱れ、すり減ります。たとえば、遅刻しそうになって家中走り回って身支度しているところを想像してください。そんなときに、家族が今日やるべきことについての重要な話を始めたら、相手が話す内容にどれだけ注意を向けられますか？　あまり向けられないはずです。

しかし、もっと心を落ち着かせれば、つまり、瞑想を通して、少しずつ現状を認識し、受け入れることを始めれば、何かに気を取られた状態ではなくなります。自分の中の「空いているスペース」で深く呼吸し、じっくり耳を傾けることができます。少しの間、肩からストレスが抜けます。そして、練習を重ね、習慣にしていくことで、人生をもっと落ち着きと平穏に満ちたものにできるでしょう。

朝の瞑想のやり方は、Ｐ57を参照してください。

自分にとって「最高によい朝」をつづけること

ここに挙げた3つの朝の習慣は、つづけなければ意味がありません。一日だけ食器を洗い、運動し、瞑想しても効果はありません。

一見シンプルでささいな行動を、何週間、何ヵ月間、何年間にもわたって積み重ねてこそ、人生を変えるポジティブな結果につながるのです。数週間、毎日、足を一歩前に踏み出すのは特別なことではありませんが、それによって、多くのふつうの人たちが標高８８４８メートルの世界最高峰エベレスト登頂に成功しました。

毎朝食器を洗い、運動し、静かに座って短時間瞑想することも、目立って特別なことではありませんが、それによって、格段に充実した人生を送ることができます。

毎日の朝の過ごし方が、どんな一日を送るか、ひいてはどんな人生を送るかを占う材料になります。

まず、自分にできるシンプルな習慣から始めて、つづけてみましょう。

EXERCISE

仕上げのエクササイズ

1枚の紙を用意して、「毎日行っていると思う習慣」を5つ以上書き出してみてください。ポジティブな習慣でも、ネガティブな習慣でもかまいません。

ここでのポイントは、注意を払ってじっくり考えることです。自分の人生におけるこうした習慣の目的を深く理解し、その習慣があなたの幸福度を上げているのか、下げているのか、その判断材料となる次のような質問を自分に投げかけ、それぞれの習慣を評価してみましょう。

・この習慣を実行するとき、どんな自分でいますか？

・この習慣は、自分の望む場所に自分を近づけてくれますか、それともそこから遠ざけていますか？

・この習慣は、自分の成長にどう役立っていますか？　この習慣が害であるなら、自分にどのような害を及ぼしていますか？

・この習慣によって、次にどのような前向きな一歩を踏み出せますか？

これらの質問を自分に問いかける効果は何でしょうか？
今の自分について、腰を落ち着けてよく考えない限り、自分の生活の中で習慣化したいことが見えてはこないものです。自分の外に答えを求めるのではなく、まずは的確な質問を自分に投げかけましょう。

こうした質問は、あなたの人生の方向性に大きな影響を及ぼす「道しるべ」となります。間違った質問を繰り返し自分にぶつけても、望むような答えは決して得られません。

自分への問いかけは、自分自身を大切にし、願いや希望をかなえるために進んだり、考えたりすることを助けます。また、逆境を糧に成長を遂げ、自分を取り巻く世界に、新たな価値を与えるのに役立ちます。

こうした問いかけによって自らつくり上げる習慣こそが、あなたを前進させるのです。

一歩ずつ前に足を踏み出しつづければ、
何もしなかった場合よりも、
確実に幸せに近づいていくことができる。

CHAPTER 2

マインドフルネス

忙しさから抜け出し、
「今ここ」に意識を集中させよう

今置かれている状況が、
どんなに慌ただしく、
トラブルに見舞われていても、
その状況から解放されないとしても、
心の平穏を手に入れることはできる。

1月の肌寒い朝、ワシントンDCの地下鉄駅構内の入口付近で、ある若者がヴァイオリンをケースから取り出し、肩の上に載せました。

彼は、Tシャツにジーンズというラフな姿です。その顔立ちは誰もが認めるほど魅力的でしたが、この日は黒い野球帽とボサボサの髪にほとんど隠れていました。

数分間弦をつま弾いて調律した後、彼はポケットから1ドル札を数枚取り出し、通行人が真似するのを期待して、目の前のヴァイオリンケースに投げ入れました。

若者が演奏を始めたとき、地下鉄駅は大混雑していました。何千人もの人々が、会社や学校など、それぞれの行き先へと急いでいます。電車がひっきりなしに出入りし、朝の通勤ラッシュはピークを迎えていました。そんな慌ただしい雰囲気の中で、若者が奏でるヴァイオリンの素晴らしい音色が駅構内を満たしていきました。

それを無視するのは不可能だったはずですが……。

彼が演奏した43分間の間に、1000人を超える人が、その地下鉄駅入口のドアを通り過ぎました。

もし彼が大道芸人であれば、ほんの数人の注意を引くだけで一握りの投げ銭しか稼げなかったとしても、大した問題ではなかったでしょう。

ですが、彼は大道芸人ではありませんでした。

彼は、世界で最も著名なヴァイオリニストの一人であるジョシュア・ベルでした。

そして、今までにつくられたクラシックの名曲のうち、最も難易度が高い最高傑作のうちの一曲を演奏していたのです。しかもその名曲は、世界で最も澄んだ最も雄弁な音色を奏でるという約3億円のヴァイオリンで演奏されていました。

それなのに、ほとんどの人が彼の演奏に見向きもしませんでした。

なぜでしょうか？

誰もが先を急ぐあまり、足を止めて音楽に耳を傾ける余裕がなかったからです。

「忙しさ」が、無意識に自分のよりどころとなっている

「やるべきことが多すぎて、時間が足りない」

言ったことのあるセリフですか？

それとも誰かが言うのをよく耳にしていますか？

あなた自身は、どのくらいの頻度で「忙しい」と口にしているでしょう。

残念ながら、忙しさは、言い訳である場合が多いものです。

私とマークも、かつて毎日忙しさを言い訳にしていました。

特にマークは、ジョシュア・ベルの演奏にまったく見向きもせず足早に通り過ぎた1000人の人たちと同じように、予定外のことにかかわったり、注意を向けたりする時間の余裕など一切ない過密スケジュールで動いていたものでした。

忙しいことを誇りに思い、自分がいかに忙しいかをみんなにわからせたいとも思っていました。仕事と家庭生活を両立する苦労や、郊外に住み市街地へ通勤する大変さもアピールしたがりました。

彼は、みんなの先頭に立って忙しい状況を生み出し、家族や仕事仲間、身近な人たちのほぼ全員に、自分と同じように急ぐようやかましく言って回りました。そして、急かす言葉を発した彼自身も含めて、誰もが嫌な気分になりました。彼の忙しさは私たちの生活に余分なストレスと複雑さをもたらしただけでした。さらに、本当にやるべきことがあまりに多すぎる日であっても、その原因はたいていは彼の段取りの悪さにありました。

彼がようやく自分の忙しさを管理できるようになったのは、忙しさは自分でコントロール可能なのだということを、時間をかけて学んでからでした。

意味のない猛烈な忙しさや頭痛を生み出しているのは、たいていの場合、自分自身に原因があるということを悟ったのです。

「人生で本当に大切なこと」は何か？

残念ながら、多くの人が不必要に多忙な生活を送っている最大の理由は、常にインターネットに接続して人とつながり、シェアし、自分たちの暮らしを人と比べていることと関係があります。

私たちは自分の立場や持っているものを人と比べて、自分自身を定義するよう初期設定されています。「人よりもよい」キャリア、家、車、靴を持っていないと劣等感を抱きます。そして、人より優位に立てる可能性がある唯一の方法が、とにかく誰よりも忙しくしていることなのです。

初めて会った人と最初に共有する情報は、ビジネスの肩書きや勤務先です　私たちはより高い達成感を得ようとSNSのフィードやカレンダーを無駄な事柄や用事で埋め、今この瞬間に、「ありのままの自分」でいることを避けています。

その代償として、心の平穏や健康、幸せが失われます。
忙しさによるストレスによって、
必然的に一番大切なことを見失ってしまうのです。

25年前、インターネット革命の黎明期《れいめいき》には、いずれ技術の進歩によって長い時間働く必要がなくなり、「人生で本当に大切なこと」にもっと注意を払えるようになると期待されていました。けれども、今私たちが置かれている状況はどうでしょう。それとは真逆になっています。

確かに、かつての半分の時間で、2倍の成果を挙げられるようになったかもしれませんが、今はそれを当たり前として期待され、新しい基準になっています。その上、私たちの自由時間はテクノロジーがもたらす無数の気を散らせる「注意散漫要因」で埋め尽くされています。LINEやメッセンジャー、メール、SNSなどを四六時中チェックしているからです。テクノロジーの恩恵を受けながらも、私たちは相変わらずテクノロジーにひどく圧倒されているような感覚を抱いています。

それを解決するのが「マインドフルネス」です。毎日の習慣としてのマインドフルネスは、生き方、人としてのあり方、ものの見方であり、自分という人間の力を存分に発揮する方法です。その基本として次のことを実践します。

・「状況がもっとよければ」「状況が違っていれば」などと思わずに、今この瞬間に起きていることにしっかりと意識を向ける
・物事が変化したときは、執着を捨て、一つひとつのポジティブな経験に感謝する

・今後の人生においても、同じ状況が常に繰り返されるのではないかと不安がらずに、ネガティブな経験をすべて受け入れる
・自分にとって必要のない「気を散らせるもの」をすべて排除して、一番重要なことに集中する
・現実的な対応がとれるよう、今この瞬間に十分なエネルギーと注意を傾ける

マインドフルネスをライフスタイルに取り入れ、その実践を習慣化すると、私たちの内面は驚くほど静けさで満たされ、ポジティブなエネルギーが流れ始めます。日常生活が少しずつ変化し、忙しさが美徳ではないことがわかり始めます。

これを読んでいるあなたもそうかもしれませんが、たいていの人が、かつてのマークのように、忙しさは生産性に結びつくと考えています。でも、マインドフルな状態で、どうすれば今最も効果的な一歩を踏み出せるかを自問すれば、人生が変わり始めます。

それを理解してもらうために、この章では、意識的に時間配分の優先順位をつけて、「1日にすべてを終わらせたい」という欲求を手放し、多忙に対する考え方を見直す方法について説明していきます。

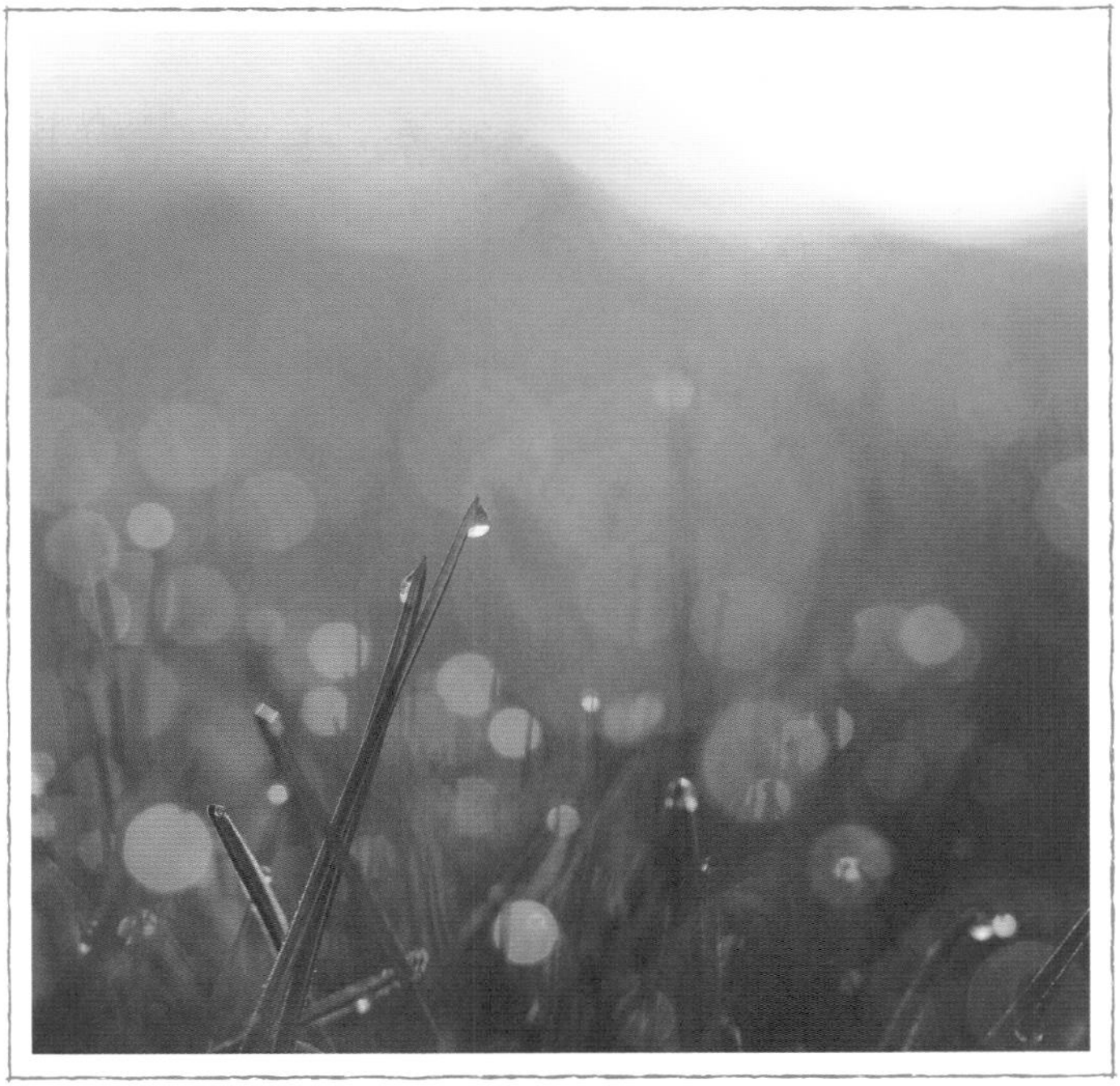

心が告げていることに
耳を傾けよう。

BE HAPPY

06 最も優先すべきことを見つけて、そのための時間をつくろう

一日は24時間しかありません。このたっぷりあるとは到底言えない時間内に、あまりにも多くのタスクや義務、自分の気を散らすものまでを詰め込もうとしているとわかった瞬間、スケジュールから不要なものを排除しなければならないということに気づきます。そのカギを握るのが意識的な優先順位づけです。

今日やろうとしていることすべてに、じっと目を凝らしてください。

朝と夜に何時間テレビを観ますか？

どんなウェブサイトを見ますか？

何のゲームをしますか？

メッセンジャーやLINE、メールのやりとり、SNSの更新にどのくらい時間をかけますか？

オンラインショッピングをどのくらいするつもりですか？

CHAPTER 2 マインドフルネス

食事や掃除、育児、介護にどれくらい時間を割きますか？

一日の貴重な時間を、どのようなことに費やしますか？

忙しさの原因を探り始めて最初に気づくのは、必要のないことや、時間を無駄にするものを、あれこれやりすぎているということでしょう。

また、必要以上に多くのことにかかわり、義務を抱えすぎて、不要なストレスや活動で人生を満たすはめになっていることにも気づくかもしれません。

不必要に気を散らすものややらなければならないものを極力排除し、新たに発生するタスクにノーと言うことで、自分の時間を奪い返すことができます。

もちろん、口で言うほど簡単ではありませんが、時間配分のしかたは自分で変えられるのだ、と認識することが重要です。

ではまず、あなたの「Ｔｏ‐Ｄｏリスト」をつくってみてください。

そこにある項目のうち、今後24時間で無理なくできることはいくつありますか？

まともに考えれば、おそらく3～5つでしょう。

次に、これから24時間の間に、１つのタスクにしか取り組めないとしたら、どのタスクに取り組むか考えてみてください。

それがあなたの「最優先すべきこと」です。そのタスクだけに取り組むのです。

実際、1日でTo-Doリストにあるすべての項目を片づけることは不可能ですし、今すぐ上位3〜5つのタスクを遂行することもできません。一度にできることは1つだけです。

ですから、まずは最優先のタスクに集中し、それが終わったら、次の最優先タスクを見つけるようにしましょう。

それ以外のことはすべて忘れて、そのタスクに集中してください。

「やめること」を決めて、優先順位を上げる

自分でかかげた目標や達成したい成果があるなら、それと相容れないことは、あきらめなければなりません。

これは、人生を必要以上に過酷にしなければならないということではありません。

ただ、すべてを手に入れることはできません。

それが何であれ、最終的に達成したい目標よりも自分にとって価値が低いことは、犠牲にしなければならないということです。

ですから、自分が望んでいることについて一生懸命考える代わりに、それを手に入れるためにあきらめてもよいことを、考えましょう。

犠牲を払ってでも手に入れる価値があるものは何でしょうか？やめるものは、何ですか？

自分自身に聞いてみましょう。自分にとっての本当の優先事項がわかります。毎日毎日、何ヵ月も、気がつくと「あるもの」を手に入れたいと思っているのに、何も行動を起こさず、何の進展もない場合は、たぶん本気でそれを手に入れたいとは思っていません。手に入れたいものを得るために犠牲を払い、労力を費やす意欲がないからです。おそらくその手に入れたいと思っているものは、本当の優先事項ではありません。つまり、もしあなたが、本当の優先事項だと思うのなら、何か大きな変化を起こすときかもしれません。

必要以上に多くのことにかかわることは、平穏でマインドフルな人生を送ることとは、対極にある行動です。

多くのことにかかわり、疲れることで、ずっと以前に克服したはずのネガティブな経験からも影響を受けてしまいます。疲れた頭は働かず、注意を払う必要のない問題や状況についてあれこれ考えるうちに、燃え尽きてしまうのです。

大切なのは、最も優先すべきことのために、「余白」を残すことです。そして、「毎日の充電」が必要です。

厳密に計画された人生を送るのはやめるときがきました。起きている時間をすべてTo－Doリストのタスクや暇つぶしでいっぱいにするのではなく、生活を整理し、スケジュールを柔軟に空けておきましょう。多くの場合、最高の瞬間は予期せず訪れ、最大の後悔は計画通りにいかないことから生じます。

融通の利く着地点を設定したり、許容誤差の範囲を広げたり、考えたり一息ついたりする余裕を持たせたりと、「自分の基礎となる土台」をつくりましょう。

一息ついて、ひとりの静かな時間を持ち、自分の内面に意識を集中させましょう。

もしくは、混沌とした日常から回復するための時間をとりましょう。

しばらくの間、周囲の世界を「あなた抜きで」回らせておくのは、とても健全なことです。

自分を解放し、

今この瞬間を愛そう。

今いる場所がどこであろうと、

あなたはいるべき場所に、いるべき時にいる。

BE HAPPY 07

意識的に優先順位を下げよう

やりたい、もしくは「やるべき」と感じているけれど、24時間の中に収まらないタスク、あるいはスケジュールにまったく組み込めないタスクはどうすればよいでしょうか？　簡単です。

これらは明日に回せばいいのです。
あるいは、一切やらないと決めることもできます。

どちらにせよ、現実問題として、これらは24時間の中に収まりません。それに、前項でお伝えしたような「最優先すべき事項」ではないので、実際に何の問題もありません。

すべてをスケジュールに組み込めないから不安になり、どうしていいかわからずイライラして問題が生じるのです。

けれども、あなたの気持ちはあなたの現実ではなく、「自分は何もかもこなして、みんなの役に立ち、超人的な力を発揮する必要がある」という理想に基づいているのかもしれないということを、認めなければなりません。

つまり、その「理想」を「現実」に合わせる必要があります。現実的に何もかもこなすのは不可能ですから、重要な事柄をいくつか選ぶしかありませんし、それ以外はすべて後回しにするか、Ｔｏ－Ｄｏリストから削除しなければなりません。

たとえば私とマークの場合は、クライアントと受講生、執筆、家族という3つの対象に毎日専念し、エネルギーと意識を集中的に傾けています。

こうして専念する対象を絞ったことで、何が気を散らせる不要なものかが見えてきました。また、義務だと思い込んでいたものを、最優先事項に入らないことを理由に除外することもできました。そして次第に、払うべき犠牲が苦にならなくなったのです。

ここで留意すべき重要なことは、たとえば25項目の優先事項を苦労して組み込もうとしているわけではないということです。

もしあなたの優先事項リストに25項目あって、すべてが等しく重要なら、「心ここにあらず」の状態を自らつくり出しているようなものです。

それほど多くのことを一日でやり終えるのは不可能ですが、それでもやり遂げられなかったことは罪の意識や後悔につながります。

これでは「今を生きる」のとは真逆です。

本当に重要なことに集中して、今日できることをやりましょう。集中して取り組む主要事項を2つか3つ選んでください。それで十分です。それ以外のことは優先順位を下げて、考えないようにしましょう。

最重要事項への集中を妨げる物事の「優先順位を意識的に下げるヒント」を2つ紹介します。

優先順位を下げるヒント 1

皿をきれいにできたら、そこに何を戻すかを決める

私たちの人生は、一夜にしてではなく、徐々に、信じられないほど複雑化していくものです。複雑な問題は一歩ずつ忍び寄ってくるのです。この悪循環を防ぐには、定期的に一歩退いて、現状を再評価しなければなりません。

では、スケジュールが空いたら何をしますか？　皿をきれいにしたら、その限ら

れたスペースに、今日、何を載せますか？

たとえば、子どもと遊ぶ時間、運動する時間、パートナーとお茶を飲む時間、昼休みに長い散歩をする時間、しばらく話していない旧友と午後の会話を楽しむ時間、自分にとって重要で人にも変化をもたらす簡単な活動に従事する時間、読書や勉強の時間、就寝前にひとりで考え、瞑想し、くつろぐ時間……。

自分の皿に載せるものとして、何を選びますか？

その答えが出れば、後は次々と出てくる誘いや依頼、タスクに常に目を光らせ、「これは私のきれいな皿に載せたいものか？」と自分に問いかけるだけです。

優先順位を下げるヒント 2
断ることに、ひるまない

自分の決断をゆるぎないものにするために、ノーと断ることを学びましょう。何にでもイエスと言っていると、不幸への道を突き進むことになります。

忙しく仕事をしているように感じるのは、多くの場合、イエスと言いすぎた結果です。誰にでもやらなければいけない義務はありますが、イエスと言う対象を適切に管理できて初めて、無理のないペースが見つかるのです。

ノーと言いたいときに、イエスと言うのはやめましょう。常に快く応じるわけにはいきませんし、時には、明確な境界線を引くことも必要です。

純粋な好意での誘いや、仕事のプロジェクト、コミュニティ活動、委員会、ボランティア、子ども関連の行事や集まりなど、やりがいのある活動にノーと言わなければならないこともあるでしょう。ましてや、とてもやりがいのある活動であれば、ノーと言うことが不適切に思えるかもしれませんし、非常に言いにくいでしょう。それでも言わなければなりません。

軽くそれを受けてしまえば、どれも中途半端になったり、とんでもないストレスを抱え、失敗と挫折の無限サイクルにはまったように感じたりすることになるでしょう。睡眠不足に陥り、疲労で集中力が低下して、やがて限界に達します。

この心身を消耗するサイクルから抜け出せなくなる一つの原因は、P87でお話しした「みんなの役に立つヒーローになれる」という心の中の幻想です。

私たちはスーパーマンでもなければワンダーウーマンでもありません。ただの人間で、限界があります。何でもできて、みんなを喜ばせ、どこにでもすぐに駆けつけるという考えは捨てましょう。

2つか3つのことをきっちりやり遂げるか、全部を中途半端にやるかの、どちらかです。それが現実なのです。

戦えるのは、今日の戦いだけである。

BE HAPPY

08 自分の「忙しさ」をとらえ直してみよう

いくつかの事柄の優先順位をうまく下げられたら、今度はあなたを圧倒している「忙しさ」の「とらえ方」を変えるときです。これを「リフレーミング」と呼びます。

人間は、自分が忙しいと思えば思うほど、圧倒される感覚が強くなります。

つまり、「自分に語る物語」が、ストレスを劇的に高めたり、和らげたりするのです。これこそリフレーミングがものをいう場面です。

古代ギリシャの哲学者エピクテトスは、２０００年以上前にこれを見事に言い表しています。

「人は（自分に起きた）できごとによってではなく、そのできごとについて自分がつくり上げた原則や意見によって心を乱す。邪魔されたり、心が乱れたり、悲しい思いをしたときは、それを決して他人のせいにせず、自分自身の原則や意見に原因を求めることだ」

現代の行動科学もこれに同意しています。「論理情動行動療法（ＲＥＢＴ）」を確立したことで知られる米国の心理学者アルバート・エリスは、できごとに対する人の反応のしかたは、できごとそのものではなく、そのできごとに対する各自の見方によってほぼ決まることを立証しています。

少なくとも、今すぐには自分の状況を変えられない場合もあります。たとえば、一瞬で新しい仕事に就くことはできません。本人の意思に反して他人を変えることもできません。そして、もちろん過去は消せません。

でも、置かれた状況に対する自分の認識や考えは、自分しだいで、確実に変えられます。

つまりあなたは、自分の姿勢を改め、最終的にはコントロール不可能に見える困難なことを乗り越えて成長できるという選択肢を、常に持っています。

そこで、意識的に物事をとらえ直し、人生が過酷なものではなく、豊かで面白いものに思えるようにするための「マインドフルな視点のヒント」を5つ紹介します。

マインドフルな視点のヒント 1

「今この瞬間」を生きる

今ここにある「この瞬間」が、あなたの唯一の現実です。心と体と精神の健康を保つ秘訣は、過去を嘆いたり、将来を思い悩んだりせずに、今この瞬間を、意識的に、目的を持って生きることにあります。真の財産は、今この瞬間を余すところなく味わう能力です。過去や将来、今いる以外の場所は、現実ではありません。一生つづく心の平穏と豊かさは、こうしたシンプルな意識の中に見つかります。

マインドフルな視点のヒント 2

自分の考えに執着しない

ネガティブな思考は、自分がそれを信じない限り、害はありません。苦しみをもたらすのは、自分の思考ではなく、「自分の思考に対する執着」です。ある思考に対する執着とは、根拠もないのにそれが真実だと信じることです。「思い込み」は、多くの場合、長い間自分が執着してきた思考です。

マインドフルな視点のヒント 3

怒りに身をまかせない

怒ったからといって罰せられることはないですが、残念なことに、その怒りは自分自身に返ってきます。

怒った状態で言葉を発し、行動すると、つい後悔するようなことを口走ってしまいます。何かに怒ったり興奮したりするのは簡単です。でも、怒って興奮した状態で過ごすには、人生はあまりにも貴重で、短すぎるのです。

マインドフルな視点のヒント 4

社会的評価を無視する

外の評価を気にせず、自分自身に従う方法を知ることこそ、心の平穏を手に入れる近道です。世間を理解するには、時にはそこから目を背けなければなりません。「自分が正しい」ということを人に示さなければならないときには、自分の考えに不安を覚えることがあります。

だからこそ、「自分らしくあっていい」という許可や、「今この瞬間に幸せでいていい」という承認を自分に与えるために、他人の評価を当てにしてはいけません。

マインドフルな視点のヒント 5

自分の思考を整える

あらゆるものは二度つくられます。最初は自分の頭の中で、次は実際の自分の人生でつくられるのです。本当の戦いは、まず頭の中で起こります。思考の中で敗れれば、あなたはもう負けています。怒りや憤りを感じる正当な理由があっても、こらえましょう。そのエネルギーを人生に役立つ思考や行動に使ってください。

どんなときも落ち着いていられる方法を身につければ、「実際にコントロール可能なこと」だけに集中できます。それが幸せを取り戻すカギです。

ストレスや憤り、不安の多くは、「今ここ」以外の時や場所で起こり得る事柄に意識を向けたことによって生じます。忙しくしていると、しばらくは生き生きとした気分になれるかもしれませんが、明日もしくは死の床で振り返ったときに、忙しく動き回る時間を減らし、目的を持って生きる時間をもっととっていればよかったと、必ず思うことになります。

EXERCISE

仕上げのエクササイズ

どこにいても、どんな気分であっても、自分の内面に集中して心を落ち着かせることができる、簡単なマインドフルネスの習慣を紹介します。

1. 全身をざっとスキャンします。自分の体に意識を集中させ、体の各部分が、今どう感じているかに注目します。これを30秒間行います。
2. 呼吸に意識を60秒間向けます。呼吸に耳を澄まし、呼吸を感じてください。
3. 心配事や不安、判断、疑念、理想に対して、自分が思い、考えていることを60秒間見つめます。
4. それらが単なる思考であり、それを信じたり、反応したりする必要はないということを認識します。
5. 自分の足や体、呼吸、周囲の環境に注意を払いながら、意識的に歩きます。

忙しさを手放し、残ったものだけが、
自分にとって本当に大切なものなのだ。

CHAPTER 3

手放す

自分をしばっている
執着を捨てよう

過去を手放し、今を受け入れて、
自分が歩む道のりを信じよう。

誰もが、何かを手放すために苦しんでいます。

私たちは「○○が起こるべきだったのに」「○○はこうあるべきだ」という考えにとらわれがちです。こうした考えは、肩に重くのしかかり、今すぐ最善の一歩を踏み出す力を奪います。

これはある意味、現実ではないことへの執着です。

物語をコントロールしたがるあまり、「人生はこうあるべきだ」という自分の思い描く理想に執着してしまうのです。

前章につながる話になりますが、「手放す」とは、「こうあるべき」という執着や期待を捨てて、「今のままで十分だ」と思えるようになることです。

それによって、生活の中に、よりよい明日をつくるためのスペースが生まれます。

私が自分の「べき」に執着したお話をしましょう。

「はじめに」に書いたように、20代後半のころ、親友が突然亡くなり、その直後に私の兄が自殺しました。深い悲しみに暮れていた私は、当初は目の前の現実に向き合うことができませんでした。短い間に親友と兄を立てつづけに亡くしたことはあまりにもつらい経験だったため、自分を立て直し、起こったできごとを受け入れるまでに数ヵ月かかったのです。

けれども、一歩下がって、彼らと過ごした時間に感謝し、彼らとの素晴らしい思い出と出会えた幸運をかみしめることができたとき、「彼らの死は起こるべきではなかった」という考えを手放すことができました。2人の死は自分にはコントロールできなかったことであり、「コントロールできたはずだ」という考えに固執している限り、立ち直れないということを悟ったのです。

「何とかして2人を取り戻したい」という願いを手放したとたん、兄や親友との思い出を慈しみ、2人が心の中に生きつづける方法を見いだすことができました。死は一つの終わりであると同時に、人生に不可欠なことだと、やがて理解できるようになりました。

こうした終わりは忌まわしく思われがちですが、終わりがなければ、「ありがたい」という気持ちを抱くこともできません。限りがあるからこそ美しさが際立ちます。

死は、人間という美しい存在に気づき、人生という美しいものに感謝すべきだということを思い出させてくれる究極のきっかけなのです。

CHAPTER 3
手放す

自分の人生と合わなくなった関係を手放す

私たちはまた、人間関係の問題においても、時に「手放す」という選択をつきつけられます。

人生のなかのあるタイミングで、何らかの理由で自分の目標や夢と合わなくなってしまった人たちとの関係を、見直さざるを得ないことがあります。

私とマークにも経験があります。マークには、小学校以来のつきあいの幼なじみがいました。その幼なじみのジョンが、マークの人生に悪影響を及ぼす存在になりつつあるということが次第にわかり、その関係を手放す選択を迫られたのです。

マークとジョンは、違う惑星の住人であるかのように、人生に対する価値観が、まったく異なっていました。ジョンは正しい生き方は一つだと信じていました。それは、大学に入って学位を取り、就職して、人生の持てる時間すべてを出世のために捧げるという生き方です。

しかし、マークには別の計画がありました。彼は大学卒業後、よい会社に就職して働いていましたが、プライベートでは、大切な人を亡くした喪失感と闘いながら、ブログ（*Marc & Angel Hack Life*）に記事を書き始めていました。

ところが、ブログの閲覧数が伸びるにつれて、ジョンは毎日のようにマークの成功にケチをつけるようになったのです。その後、フルタイムでブログに専念するためにマークが会社を辞めたときは、「うまくいくはずがない」と猛反対しました。「辞めるなんてばかげてる！　せっかくいい会社なのに。俺に言わせれば、こんな不景気の中、危ない橋を渡ろうとしてるだけだよ」と。

マークはついに「お前の意見は聞いてない！」と言い返しました。それは、マークとジョンの友情の終わりでした。

ジョンという友人を手放すのは、マークにとってつらいことでしたが、彼自身の幸せや成長のためには必要なことでした。

何をしても、自分の気持ちをどれだけ説明しても、自分が人生で重視していることを理解せず、自分の理想とする人物像から次第に離れていく人たちがいます。

悲しいことですが、事実です。時が経つにつれて、その人たちは、自分の価値観や求めるものに合っていないということを繰り返し証明するようになります。

本当の自分を取り戻し、最高の自分になるのを邪魔するような人間関係や人の意見は、手放すか、少なくとも一時的に距離を置く覚悟をしましょう。

この章では、その手順についてお話しします。

BE HAPPY

09 「手放しどき」のサインをキャッチしよう

自分にとって有害な人間関係や、悪い習慣、自分の願いとは真逆にあること、愛する人の死などに、私たちは向き合う必要があります。

それが何であろうと、それを手放す時期を見極めるのは、必ずしも簡単なことではありません。

自分が本当に必要としていることや、手放すことが人生にもたらすメリットについて、素直に認められないことが多いものです。

けれども、次の6つのサインのいずれかに心当たりがあるなら、今の自分の状況を見直し、何かしら手放すことを見極めるときかもしれません。

手放しどきのサイン1

「本来の自分ではない誰か」でいることをいつも期待されているような気がする

素晴らしい人間関係には2つの要素が必要です。

第一に、おたがいの共通点を理解していること、第二に、おたがいの違いを尊重していることです。

ですから、誠心誠意向き合いながらも、相手がそれを望んでいる、あるいは相手があなたにとってそれがベストだと思っているからといって、他人のために本来の自分をすっかり変えてしまってはいけません。

もし本来の自分ではない誰かでいることを期待されているなら、一歩引いてください。他の誰かのふりをして関係を損なわずにいるよりも、ありのままの自分でいて関係を失うほうが、よほど賢明です。

「自分らしい自分」がいなくなった空間を埋めるよりも、他の誰かがいなくなった空間を埋めるほうが簡単です。

手放しどきのサイン２

「言葉」と「行動」が矛盾している人が身近にいる

周りに、あなたが聞きたいことしか言わない人はいませんか？　そういう相手には警戒しましょう。自分が聞きたいことを言ってくれる相手を簡単に信じてしまいがちですが、その相手の行動に、注意を払うべきです。行動は言葉よりも雄弁で、真実を語ります。

あなたは、明日が来るのが楽しみになるような相手と一緒にいるべきです。

いつも一貫性がなく、言葉と行動が矛盾していて、あなたによくない影響を与える人がいるなら、その人とは縁を切るべきかもしれません。不誠実な仲間といるよりも、ひとりでいるほうがましです。

結局、真の友情は「心で交わす約束」です。口に出さず、文字にもせず、距離でこわれることのない、時を経ても変わらないものです。

ですから、友人が言うことに耳を澄ますだけではなく、長い目で見てその友人がどんな行動をとっているかにも注目してください。真の友人は、ゆっくりとその正体を明かします。

手放しどきのサイン3

落ち込んで自分を哀れむ癖がある

何か気に入らないことがあれば、それを変えてください。変えられないなら、それに対する自分の考え方を変えることです。傷つくことは自分でコントロールできませんが、惨めになるのは常に自分の選んだ結果です。

自分次第で、どんなに悪い状況も、さらに悪くしてしまいます。ネガティブ思考はネガティブな結果を生み、ポジティブ思考はポジティブな結果を生むもの。明日からの人生の可能性を唯一制限するものは、今日自分が口にする「でも」という言葉なのです。

幸せとは、問題がないことではなく、問題にうまく対処できることなのだと、やがてわかるでしょう。

心の余裕をなくしていなければ受け入れられる素晴らしいことを思い描いてください。失ったものではなく、「今持っているもの」に常に目を向けましょう。

手放しどきのサイン4 楽な道を選ぶ癖が染みついている

自分の殻を破るのに最適なタイミングは、常に「今」です。とにかく挑戦し、失敗して、そこから得られること、学べることについて、真剣に向き合ってみましょう。素晴らしい旅にすることは、決して楽ではありません。途中でどんな試練に見舞われても、そこから学び成長すれば、決して時間の無駄にはなりません。

大きな試練が、驚くような成功につながることはよくあります。

弓は後ろに引かなければ射ることができません。つまり、困難によって後退を余儀なくされても、集中している限り、やがてポジティブな方向に前進できます。集中を切らさずに、的を狙いつづけるのです!

手放しどきのサイン5

今の状況が気に入らない

人生においては、上りたくないはしごの一番上にいるよりも、上りたいはしごの一番下にいるほうがいい、そうに決まっています。ですから、目標をあきらめた人に、あなたが目標を追うのを止めるような口出しをさせてはいけません。

あなたにできる最適な行動は、自分の直観に従うことです。

リスクを取りましょう。

起こり得る事態を恐れて、安全で楽な選択ばかりしてはいけません。それでは素晴らしいことは、何も起こらないでしょう。

大切なのは、こわれたものを修復することだけではありません。時には振り出しに戻って、新しいものをつくることも大切です。また、物事をはっきり見定めるには、自分自身と距離を置くことも必要です。

「生きる」ということは、今までの習慣や人間関係、環境から離れて、朝ベッドから起き上がるのが楽しみになるような「自分を突き動かすワクワクする対象」を見つけることでもあります。

人生を自分仕様にカスタマイズできるのに、初期設定のままでいることに甘んじてはいけません。目標やニーズは変わる可能性がありますし、かつて自分にとって正しかったことが、今の自分にとって正しいとは必ずしも限らないからです。

自分の変化を自覚し、新しい真実によって1からやり直すことが、何かを手放すプロセスの最大の難所になる場合もあります。でも、新しいことを学べていないと感じたら、手放すタイミングかもしれません。

手放しどきのサイン6
気づけば過去に執着し、過去に生きている

もう存在しないものにしがみつき、身動きがとれなくなっている人が大勢います。私たちは人生の大半を過去のできごとを語ることに費やし、過去を参考に今の進路を決めています。もしすべての行動が既に起きたできごとの追体験になっているとしたら、あなたはチャンスを逃しています。

別の時間や、別の場所で生きようとして、時間を無駄にしてはいけません。

過去を手放しましょう！

新しいものを築くには、終わりを受け入れる必要があります。

過去のドアは、どこにも通じていません。
プライドや無力感、エゴのためではなく、
未来のために今日、そのドアを閉めてしまいましょう。

過去のできごとへの怒り、恨み、憎しみを背負っていると、身動きがとれないばかりか、今の幸せやチャンスも阻害されてしまいます。

ひどくつらい時期を過ごしても、やがてあなたは心の痛みを乗り越え、涙を流した理由やその痛みをもたらした相手を忘れます。必ず、忘れられます。

幸せと自由を手に入れる秘訣は、コントロールや復讐ではなく、物事を自然の流れに任せ、ゆっくり時間をかけて、その経験から学ぶことです。

そして、意識的に過去を手放せば、もっと早く学ぶことができます。過ぎたできごとを手放すことによって、心にスペースが生まれ、より価値のある新しいもので、そのスペースを埋めるチャンスを得られます。

過去を手放し、自分を解放し、新しい始まりの可能性に心を開きましょう。

何よりも、私たちが持って生まれた正当なラベルは「人間であること」だけだということを忘れてはいけません。

「落ち込んでいる」「離婚した」「病気を患っている」「拒絶された」「貧しい」などといったラベルにこだわるのは、自分が雲や氷になれることを知らず、本来水であることさえも忘れてしまった雨のようなものです。

BE HAPPY

10

自分の思考をあらゆる視点から観察しよう

人生のすべての面において、「こうでなければならない」という思い込みを捨てましょう。こうした自分の解放につながる「捨てる作業」を行うときに大切なのが、自分を悩ませている思考の客観的な「目撃者」になる習慣を身につけることです。

大半の人のストレスの根本原因は、ストレスフルな思考に固執するかたくなな姿勢にあります。私たちは自分のイメージ通りに物事が運ぶという理想に執着し、理想が現実にならないと、人生をとてつもなくややこしくしてしまうのです。

では、どうすればその理想への執着を手放して、よりよい人生を送ることができるでしょうか？

目隠しをされたまま大きなプールの真ん中で立ち泳ぎをしているところを想像してください。

あなたはプールの縁が近くにあると思って必死でつかもうとしますが、実際はかなり遠くにあります。あてどなく水しぶきを跳ね上げて、そこにない想像上のプールの縁を手探りでつかもうとするうちに、イライラして疲れ果ててしまいます。

では次に、少し休んで深呼吸をして、近くにつかまるものは何もなく、周りには水しかないと認識するところを想像してください。

あなたは存在しないものをつかもうとしてもがきつづけることもできれば、周りに水しかないことを受け入れ、リラックスして水に浮くこともできます。

これが手放すコツです。

そもそも執着すべきものは何もないと理解すれば、それを手放すことは可能です。

人生に、現実に、ゆるぎなく永遠に存在するかのように、私たちが必死で把握しようとする状況、問題、心配事、理想、期待などの大半は、実際には存在しません。仮に何らかの形で存在しても、変わりやすく、不安定で、一時的で、たいていは自分の頭の中でつくり上げたものです。

そうとわかれば、人生に対処するのがずいぶんと楽になります。そして、それはあなたの思考から始まるのです。

目撃者の視点で今の思考を観察し、手放す

周囲の世界が混乱し、混沌としているからといって、自分の内面世界もそうなる必要はまったくありません。

自分の思考を、ただの目撃者として眺めることによって、他人や過去、コントロール不可能なできごと、ふだんの考え方などがもたらす内面の混乱や混沌を取り除くことができます。

まずは、干渉せず、判断も下さずに、ただ自分の内面に注意を向けてください。性急に判断してしまうと、純粋な目撃者ではいられなくなるからです。「これはよい」「これは悪い」とあわてて口に出した瞬間、あなたはもうその混沌に足を踏み入れています。

「思考の目撃」と「思考への反応」との間に空白をつくるまでには、少し時間がかかります。しかし、いったん空白ができると、あなたはただの目撃者となり、その思考を手放し、気持ちを変えて、混乱を乗り越えることができます。

これこそが、CHAPTER2でお伝えした「マインドフルネス」の極意です。考えているときも、頭の中で無意味なしゃべり声は聞こえてきません。余分な重荷を抱えずに軽々と浮いて、無条件に、真に自由な人間になれる瞬間です。

ほとんどの場合、自分の気持ちは「自分で選んだ気持ち」であり、自分の反応は「自分で選んだ反応」です。

思考や懸念を自分がふさわしいとみなす小さなスペースに当てはめようとするのではなく、それを手放すことに全力を尽くしましょう。

どんなにつらい過去があったとしても、必ずできます。

執着することは、「過去しか存在しない」と信じるようなものですが、一方で、手放して前に進むことは、「前途に明るい未来がある」と心から理解することなのです。

けれども、何かを手放して前に進むことは簡単ではありません。自分の心や頭を占めている過去の恐れや失望と向き合うことになると、怖い思いをするかもしれないからです。

あるがままを受け入れ、今の自分の思考を観察し、手放し、前へ進むことは、現実に直面したときに誰もが学ばなければならないスキルですが、それを身につけるには時間がかかります。

そこで、少しでも早くこのスキルを身につけるための新たな視点を10個紹介しましょう。これらの視点をもとに、手放し方を身につければ、手放すべきものを早く発見できるようになるはずです。

手放すための視点 1

経験を受け入れて、感謝する

手放すということは、自分を笑わせたり、泣かせたり、学びや成長を後押ししてくれた経験に感謝することです。それは、自分が持っているすべてのもの、かつて持っていたすべてのもの、さらには前途の可能性を受け入れることを意味します。感謝して人生の変化を受け入れる強さを身につけることなのです。

手放すための視点 2

しばらく自分自身と距離を置いてみる

時には、数歩下がって、今直面する状況をはっきりと把握する必要があります。ひと休みして、しばらく他のことを考えるのがベストです。それからスタート地点に戻って、新しい視点で物事を眺めましょう。それによって、周囲のあなたへの見方も変わるかもしれません。スタート地点に戻ることは、その場からずっと離れないこととはまったく異なる結果をもたらします。

手放すための視点 3

「変えられること」だけに集中する

人生には、変えられないものや完全に理解できないものもあります。

人生を楽しみ、手放すべきものは手放し、自分ができることを把握しましょう。

自分で変えられないことについて思い悩んで、エネルギーを無駄遣いするのではなく、自分で変えられることだけに集中しましょう。

もし気に入らないことを自分で変えられないときは、それに対する自分の考え方を変えればいいのです。選択肢を見直し、気に入らないことへの見方を変えて、より素晴らしいことを成し遂げるための出発点とみなしましょう。

手放すための視点 4

人生の手綱を握っているのは自分だと自覚する

あなたに対して責任を負う人は、あなた以外に誰もいません。あなたの人生の手綱を握っているのはあなたです。これまでの生涯を通して、責任を負うべきは両親や教師、上司、さらには教育制度や国、社会などであって、自分にはその責任がない、あるいは自分は被害者だと思ってきたかもしれません。

でも、責任は常に自分にあります。何かを変えたければ、あるいは手放すべきものを手放し、本気で自分の人生を生きたければ、それを実現できるのは自分しかいません。

手放すための視点 5

自分の内面に集中する

人を助けることも大事ですが、まずは自分を助けることから始めなければなりません。自分に合う場所や影響力を発揮する方法を見つけようとして外ばかり見ているのなら、自分の内面にも目を向けてください。

今の自分やライフスタイル、生きている実感を与えてくれるものを見直し、これらを大切に育み、よりよいものにすることで、自分を成長させましょう。そして現状を打開しましょう。

手放すための視点 6

新しい仲間に目を向ける

周りの人たちのために自分の幸せや可能性を犠牲にしなければならなくなったときは、一緒に過ごす相手を変えるタイミングです。地域の集まりやオンラインで人とつながったり、もっと支えになる仲間を見つけるときです。

手放すための視点 7

心から許す

許すことは、痛みより幸せを、抵抗より受容を選ぶゆるぎない姿勢です。誰でも間違いを犯し、どんなに優れた人でも深刻な結果を招く愚かなことをしでかす場合があります。

だからといって、私たち人間がみな邪悪で許しがたいとか、二度と信用できないということではありません。それを理解して受け入れましょう。許すには時間がかかるかもしれません。許す強さが必要ですし、許すときは相手を全力で愛さなければならないからです。こうした真の許しを経て、「この経験をさせてくれてありがとう」と心から言えるようになるのです。

手放すための視点 8

自分の変わった癖や間違いを認め、人生を学びの場として受け入れる

人生は旅です。物事は変化し、人も変化しますが、あなたは、いつでもあなたです。

ですから、自分を偽ってはいけませんし、誰かや何かのために本当の自分を犠牲にしてはいけません。

自分がどんなに驚くような人間か、あるいは変わった人間かが明らかになっても、今この瞬間に勇気を持って、ありのままの自分でいなければなりません。

ひどく弱っているときも、学ぶ意欲があれば、少しだけ強くなれると自覚することが大切です。トラブルやつらい仕事がもたらす最高の成果が、時に、あなたの成長であることはまちがいありません。

手放すための視点 9

自尊心を軸にする

「自分は、本当の幸せを手に入れる旅に値するのだろうか?」と迷うことが、旅の最大の難所になることがあります。もちろん、あなたはその旅に値します!

ですから、自分の心の動きに気をつけて、自虐的な思考はやめましょう。自分は申し分のない人だと信じられたとき、世界は応え始めます。常にそう思えるわけではなくても、自尊心を持ちつづければ、ポジティブな変化が起こり始めます。

手放すための視点 10

何をするにも親切であること

難しい状況にあるときこそ、何をするにも親切であることを心がければ、より効果が上がります。何を話すにも親切な言葉で表現すれば、必ず相手の心をより強く動かします。ほんの一瞬の親切な行為が、生涯相手にポジティブな影響を与えつづける場合もあります。

だから、毎日親切でいる選択をしてください。そうすれば、本当の意味で、ストレスの少ない、幸せに満ちた世界に生きることができます。

最後に、「手放すことはあきらめることではない」と、繰り返し自分に言い聞かせましょう。

手放すとは、特定の人、結果、状況に対する不健全な執着を捨てることです。

物事が決まりきった一定の方向に展開するのを期待せず、毎日最高の自分になり、自分にできる最善を尽くそうという意志を持って、人生に臨むことです。

そもそも私たちは、今の姿をはるかに超えた存在なのですから。

私たちは、風や水のように、
人生の中で何度も姿を変えながら、
「本当の自分」になりつづけていく。

BE HAPPY

11 手放すべきものを手放し、その先へ進もう

何かを手放すことは、間違いなく誰もが、毎日の生活の中で、何らかの形で直面する課題です。早速今日この時間を、小さないら立ちの元を手放すことで、そのほかのものを手放すきっかけとしてはどうでしょうか。

まず、意識的に1日を過ごしてください。自分がいつも感情的になる小さなイライラの種を、少なくとも1つ見つけましょう。その上で自分を励まして、そのいら立ちの種を手放します。

このちょっとした方法で、自分の気持ちをコントロールすることを体験してください。そして、この方法が、人生でめぐり合うあらゆる場面に当てはめて使えるということを覚えておきましょう。

そこで、このプロセスに弾みをつけるヒントとして、14の「手放すべきもの」をリストアップしました。これらの有害な要素を人生から排除した後に味わえる爽快感に、きっと驚くはずです。

CHAPTER 3
手放す

手放すべきもの1　怒りとつまらないわだかまり

一時の怒りに任せて、取り返しのつかない愚かな行動に走らないことは、CHAPTER2でもお伝えしました。

人に恨みを抱き、不当な仕打ちをいつまでも忘れずに過ごすほど、人生は長くありません。もう一度チャンスを与えられるべき人がいるなら、与えてください。あなたが謝る必要があれば、謝ってください。自分の物語を幸せにし、新しく始めましょう。

手放すべきもの2　長年の誤った思い込み

時には立ち止まって「これは本当だろうか？」と自問してください。おかしなもので、私たちは物事の解釈を操作して、自分なりの現実に当てはめようとします。けれども、考えていることが真実だとは限りませんし、望んでいることが現実になるとは限りません。自己認識が真実に根ざしていなければ、それはゆがめられた現実、つまり、自分でつくった世界にすぎません。

手放すべきもの 3

昨日の悲劇

今のあなたは、自分の身に突然起きたことの結果ではなく、たいていの場合、今この瞬間に自分でこうなろうと選んだ結果です。余分な荷物を下ろし、深呼吸をして、仕切り直しましょう。やがて後ろを振り返ることに興味がなくなり、次の一歩を踏み出したくなったとき、人生の正しい軌道にいることに気づくでしょう。

手放すべきもの 4

小さないら立ちの種

くだらない、ささいなことで、自分の幸せをこわしてはいけません。イライラやストレスの原因は、現在の状況ではなく、自分の反応のしかたにあります。自分の受け止め方を変えれば、イライラやストレスは消えていきます。

手放すべきもの5

人を見下す考え方

今の立場を得るために、あなたがこれまで懸命に努力してきたとしても、自分の力だけで成功を収められる人はいません。誰かがあなたを信じ、勇気づけ、能力を買ってくれたのです。そのことに感謝して、他の人にとってのその誰かになってください。

相手を見下して、最終的に強くなった人はいません。人のことを安易に決めつけるのはやめて、相手の考えや物語について尋ね、耳を傾けてください。辛抱強くなり、学ぶ意欲を持ち、人に親切にしてください。よき隣人になることを目指し始めるときです。

手放すべきもの6

「物質的な財産が自分を自分たらしめている」という思い込み

自分という人間の価値は、この世界で物質的に獲得したものによって決まるのではありません。ですから、謙虚でいることを心がけましょう。結局、他の何よりも自分という人間を決めるのは、持たざるときの辛抱強さと、あり余るものを手にしているときの心の持ち方です。

手放すべきもの 7

自分自身の外に幸せを求めること

自分の日だまりは、自分でつくらなければなりません。本当の幸せは内面から生まれます。毎朝ポジティブなものを見て、夜寝る前にはポジティブなことをしましょう。ポジティブな可能性や機会に注目しつづけると、気分が上がります。

手放すべきもの 8

自分のした「よい行い」に見返りを求めること

自分のメリットばかり気にしすぎてはいけません。人に対してポジティブなことをすれば、自分にも必ず得るものがあります。
あなたは生まれつき誰かの人生を変える力を持っています。それを無駄にしてはいけません。

手放すべきもの9

儀礼的なお世辞や見え透いた言い訳

どうすれば、誰かと信頼を築けるでしょうか?

すごく簡単です。正直でいることです。

物事を最後までやり遂げる、約束を守る、しくじったら謝る。

あなたが出会って一緒に時間を過ごしたい人、行動と言葉と価値観が常に一致している人になってください。

手放すべきもの10

直観に従って行動することへの恐れ

「恐れ」は、失敗以上に「夢」を殺します。恐れに行動を邪魔させずに、自分のやる気や行動を促すきっかけにしましょう。自分が恐れを感じることを、毎日1つずつ実行してください。恐れずに直観で行動すればするほど、直観力が研ぎすまされ、役に立つようになります。心で何かを感じたら、そのことに注意を払いましょう。

手放すべきもの11

星が整然と並ぶのを待つこと

完璧な計画は必ずしも必要ないと肝に銘じてください。時には試しにやってみて、そのまま様子を見て、何が起こるか観察することも必要です。作家のマヤ・アンジェロウの言葉で言い換えると、「知識が身につくまでは最善を尽くし、知識が身についたら、もっとうまく実行する」のです。

手放すべきもの12

「オール・オア・ナッシング（全か無か）」の成功観

成功と失敗の両極の間にある中間領域についても正しく評価してください。プロセスや、現在学んでいること、他人の学びへの貢献、自らの成長過程などは、どれもすべて見過ごせない大切なものです。そして何より、成功に有頂天になったり、失敗に打ちのめされたりしてはいけません。

手放すべきもの13

自分を批判すること

自分の窮状に対して、自虐的なコメントをすることで、やる気が出るという人はめったにいません。「間違っていることでも、あきらめるしかない」という考えを手放しましょう。あきらめることと、立ち止まらずに先へ進むことはまったく違います。自分を奮い立たせたいなら、喜びましょう。楽しみましょう。自分を愛し、許し、受け入れてください。誰はばかることなく自分らしくいましょう。

手放すべきもの14

人に好印象を与えるためだけに変わること

万人に好かれる必要はありませんし、何をしたってあなたを気に入らない人はいます。その人たちが個人的にあなたについて語っていることを、真に受けてはいけません。彼らが思ったり口にしたりしていることは、彼ら自身の事情であって、あなたに責任も関係もありません。

ですから、人として成長し、明るい未来を手にするために変わりましょう。

自分にとって正しいことだと納得した上で、変わりましょう。

古いものの修復や過去との闘いではなく、新しいものを築き育てることにエネルギーを注ぎましょう。それが成功する秘訣です。


ドアを閉める。その章を終わらせる。ページをめくる。

大切なのは、あなたの人生において「終わったこと」を過去のままにしておく強さを身につけることです。


まずは、この14の手放すべきもののリストに挙げたものの中から、1つか2つを選び、手放すことから始めましょう。

それによって、現実をあるがままに受け入れたことによる「ごほうび」が得られます。

BE HAPPY

12 ただ、あるがままを受け入れよう

手放すことは、何かや誰かを大切にしなくなるということではなく、「今この瞬間に、実際にコントロールできるのは自分だけだ」と自覚することです。

そうすることで、自由でいるために、幸せを取り戻すために、確実性を求めるのをやめなければならないということも、理解できるようになります。

確実性の反対にあるのは不確実性ではなく、寛容さや好奇心、そして、抗わずに人生を受け入れようとする心です。

ここで、私の経験を紹介しましょう。

私には、古くからの友人がいます。私はその友人をとても大切に思っているのですが、彼女の健康が気がかりで、長年胸を痛めてきました。

このままでは彼女を失いそうな気がして、彼女がもっと幸せに満ちたシンプルで

健康的な生活を送れるよう、効果が実証された健康法をアドバイスしたいと考えていました。実際私は、その方法で大勢の人たちを支援してきました。だから、彼女も不健康な生活習慣を改めて、運動やマインドフルネスを取り入れ、健康的に生まれ変わることができるはずです。

しかし、私が友人を助けたくても、相手は助けてもらいたいとは思っていません。実際、過去に何度もそう言われています。

私は自分をおびえさせているものをコントロールしたいのですが、どうすることもできません。自分以外の誰もコントロールできないからです。

そこで私は、「彼女を助けたい」という気持ちを手放すことにしました。「手放す」といっても「彼女を手放す」という意味ではありません。彼女をコントロールしようとしたり、変えようとしたりするのはやめて、代わりに深呼吸をして、彼女のありのままを受け入れることにしたのです。

それで何が起きたでしょう?

その友人の存在そのもののありがたさに気づいたのです。彼女は言葉で言い尽くせないほど、とてつもなく特別で、唯一無二の存在です。陽気で、情熱的で、情に厚く、賢く、ワイルドで、思慮深く、誠実な人です。

「助けたい」という自分の気持ちを手放し、その友人のありのままを受け入れたときに初めて、彼女を失うことや彼女流のやり方を変えることについて思い悩む代わりに、彼女の存在すべてを心から楽しめるようになりました。そして、これが人生のほとんどの場面において、最もあるべき態度なのだと学びました。

相手が差し迫った危険にさらされているのでない限り、あるいは他の誰かを危険にさらしているのでない限り、相手を変えようとするのはやめましょう。

自分のこだわりを手放し、相手の存在と溶け合い、相手のありのままを知り、その変わった癖までも、すべて理解しましょう。

また、自分の生活状況や失ったもの、さらには世の中について不満を言うのはやめて、その不満を手放し、「今」を愛してください。

ただ、あるがままでいましょう。受け入れましょう。感謝しましょう。

ただ、呼吸しましょう。

自分も、周りも、ただあるがままに、コントロールせず、手放す

さて、意識を自分に戻してください。あなたは、どうでしょうか。

この文章を読みながらも、あなたは呼吸しています。

一瞬立ち止まって、その呼吸に意識を向けてください。呼吸をコントロールして、速くしたり遅くしたり、自在に操ってみましょう。あるいは、ただ自然に息を吸ったり、吐いたりしてみましょう。状況をコントロールしたり、何かをする必要はなく、肺にただ呼吸させておくと、心が穏やかになります。

次に、凝り固まった肩やこわばった首など、体の他の部分を呼吸させるイメージを持ってください。緊張させたり、コントロールしたりせずに、自然に任せておきます。

さらに、今自分がいる部屋を見回して、周囲にある物に意識を向けてください。その中から1つだけ選んで、呼吸させるイメージを描きましょう。あなたと一緒に部屋にいる人、あるいは同じ家や建物、近くの家や建物にいる人たちを心に思い描き、呼吸させてください。

あらゆる物や人に呼吸させているとき、あなたはその物や人をあるがままにさせています。それをコントロールしたり、心配したり、変えたりする必要はありませ

ん。安心して呼吸をさせて、ありのままに受け入れるのです。

コントロール不可能なものを手放すとはそういうことです。

予期しないこと、望ましくないこと、コントロール不可能なことは、必ず起こります。

自分でコントロールできない物事にこだわる選択もできますが、幸せを取り戻したいなら、こうした物事を進んで手放す覚悟をしなければなりません。

自分の身に起こることや、周りに起こることをすべてコントロールするのは不可能です。コントロールできるのは、自分の反応だけです。

次の仕上げのエクササイズでは、あなたの人生の物語のとらえ方を見直した上で、一歩下がって物事を手放し、前に進む方法を理解できるようにしましょう。

EXERCISE

仕上げのエクササイズ

人生の最大の誤解の多くは、「これには他にどんな意味があるのだろうか？」と自問する時間をとりさえすれば、避けられるものばかりです。

こうした自問をするには、ブレネー・ブラウン教授の研究から着想を得た「リフレーミングツール」の活用が効果的です。私とマークはこのツールをカスタマイズし、「私が自分自身に語っている物語」というエクササイズにしています。

このエクササイズは、厄介な思考によって冷静な判断ができなくなるような、人生のあらゆる難しい局面や状況に応用できます。

たとえば、あなたの愛する人（夫、妻、彼氏、彼女など）が、昼休みに電話すると約束したのに、電話してこないまま1時間が経ち、相手にとって自分の優先順位が明らかに低いことがわかって腹を立てているとします。自分のこうした感情に気づいたら、「相手にとって自分の優先順位が低いから電話してこなかったというのは、私が自分自身に語っている物語だ」と言い聞かせます。そのうえで、次の質問を自分に投げかけます。

① 自分に語っているこの物語が真実だと、絶対に確信できますか？
② この物語を自分に語ったとき、どう感じて、どう反応するでしょうか？
③ この物語の結末がもう一つ考えられるとしたら、どんな結末ですか？

これらの質問の答えをじっくりと考える余裕を、自分に与えてください。そして、違う考え方に挑戦してください。

「自分自身に語っている物語」と、これら3つの質問が、日常に起こる面倒でややこしい状況を見直し、リフレーミングするツールになります。このツールをもとに、無意識に自分自身に語っている物語を疑い、より客観的な視点で、それが現実か否かをチェックしましょう。

そうすれば、最終的に幸せを取り戻すのに役立たない「自分自身がつくりあげた物語」を手放し、人生のあらゆる面で、より適切な判断を下せるようになります。

そもそも執着すべきものは何もない。

CHAPTER 4

自分を愛すること

自分自身を
To－Doリストに加えよう

あなたがもっとも大切にすべき
人間関係は、
あなた自身との
関係だ。

自分を愛することとは、自分のためのスペースをつくれるようになることです。

それは、自分自身をTo-Doリストに載せるということです。
心も体も充実した「健康的な暮らし」をするための
時間と余裕を確保しなければなりません。

これは、常に多忙で、やらなければならないことに慌ただしく追われる生活にならないよう、心がけることでもあります。十分に休憩をとり、情熱を養い、あらゆる方法で自分を大切にする必要性を理解し、時間を効率よくコントロールすることが大切です。

自分を愛することができていれば、リスクがあることに挑戦できたり、珍しいできごとや驚くようなできごとにめぐり合ったり、突然の喜びを十分に味わえたり、自分が成長しているということを存分に感じたりすることができます。

また、計画通りにことが運ばなくても、自分を信頼し、受け入れているという基盤が自分の中に根づいているので、動じないでいられます。

けれども、自分を愛することは、簡単なことではありません。

私とマークがビジネスを始めたときも、2人とも自分を愛することが難しく、自分に対してひどい誤解をしていました。

特に私の場合は、息子が生まれた後に、さらに深刻な状態になりました。何もかも自分でやろうとし、最高の母親、最高の妻、最高の主婦、最高のシェフになろうとして、あらゆることに責任を負おうとしていたのです。

一方で、頭の中では「私にはできない」「私は力不足だ」という思いがよぎり、完全に行き詰まっていました。とても自分の手には負えない状態だったにもかかわらず、それを認めたくも口に出したくもありませんでした。

ようやく一人で一息つき、母親や妻としての責任の重さに押しつぶされないための時間をとれるようになったのは、母親になって2ヵ月が過ぎたころでした。

時間はかかりましたが、静かに座って自分を愛し、母親として、また自分が築いている家庭で遂げた成長を誇りに思えるようになった結果、私は前よりもはるかに幸せになり、力不足を嘆いて四六時中自分を苦しめることもなくなりました。

こうした経験を通して、自分を愛する力、つまり、自分自身の本当に欲していることに心を開く力がなければ、成長することも、誰かと十分に愛し合うこともできないということを学びました。

自分自身と愛を持ってつながる

では、日ごろ、次のことを行っているか、自分に問い質してみてください。

・欠点もすべてひっくるめて、自分を受け入れ、認め、愛している
・本当の自分や、自分の気持ち、自分が求めているものに正直である
・できないことについて自分を卑下するのではなく、できることについて自分を褒めている
・愛する人全員が必ずしも1から10まで自分に賛成してくれるわけではなくても、それでもかまわないと認識している

こういったことを、すべて問題なくできる人のほうが少ないでしょう。

自分への愛が足りないと、愛する人との関係や仕事に対して、「自分は十分によくやっている」と感じることができません。

自分が自分の最大の敵になるという罠に陥りやすいからこそ、私たちは、自分自身と親友になるということの重要性を、今こそ学びましょう。

BE HAPPY

13

自分を愛し始めよう

誰もが、時折不幸な状況を経験しますが、繰り返し不幸に見舞われることと、常に不幸な人生を送ることとの間には大きな違いがあります。

また私たちは、人から愛されることばかりに心を奪われて、自分を愛することを忘れてしまいがちです。

うつ病などの一部の例外はありますが、私たち人間の不幸の大半は、おもに自分を愛することを放棄する「セルフネグレクト」が原因です。

これは例外なく、誰もが経験することです。たとえあなたがおおむね幸せな人だとしても、自分をないがしろにする癖や習慣は、簡単に忍び寄ってきます。

大切なことは、自分にふさわしい特別な注意を払うことです。自分の気持ちを押し殺したりないがしろにしたりするのは、自分のためになりません。

セルフネグレクトが習慣になると、生活の質が急激に低下し、その状態を脱するのがますます難しくなります。ストレスや病気、混乱、人間関係の破綻、怒り、うつにつながりますし、そのいずれかを経験したことがあるなら、こうした心の状態が恐ろしく体に悪いとわかるはずです。

人生で一番大切なことは、何があっても、誰からも理解されなくても、「自分にとって正しいこと」をして生きることです。

しょせん、あなたの評判は他人のあなたに対する理解にすぎません。
一方、あなたの「自尊心」は、あなたのあなた自身に対する理解です。

人生の多くの時間を割いて、自分を無意識に卑下してきたこと、自分は十分ではないと思ってきたこと。また、うまく場に溶け込み、鈍感で愛情に飢えていない、欠点のない他の誰か、つまり、「自分に似ていない誰か」のふりをしてきたことを、今こそ認めなければなりません。

そう振る舞ってきた理由は、傷ついて、人に敬遠されたくなかったから、よい印象を与えて好かれたかったから、癒されて満たされた気持ちになるために、価値のある愛すべき人間に見られたかったからかもしれません。

そして、ずいぶんと長い間、みんなを喜ばせるために、偽りの笑顔の裏で、いつの間にか自分を裏切り、心に痛みを抱えてきたのです。

でも、自分を卑下するのは、もう意味がありません。そして、何をしようが、どう変わろうが、あなたを気に入らない人がいることも今なら理解できるでしょう。


ですから、どうか、人に惑わされて自分を見失わないでください。他人から認められるかどうかを気にする必要はありません。自分で空気を吸い、自分の頭で考え、他人が入り込めないスペースをつくるのです。

自分を卑下せず、癒してください。

何にも屈することなく、心の底から正しいと思うことをしてください。

ありのままの自分を認めて、自分の変わった癖も、まるごと受け入れましょう。

自分を愛することを毎日の習慣にしましょう。

自分の価値を疑い、自分を批判して過ごす1秒1秒はとてつもなく大きな損失です。人生が新しくなる瞬間を捨てているようなものだからです。

自分の時間をもう1秒たりとも無駄にしないでください。


今日という日は、自分を愛し始めるのに、最適な日です。

今日も、明日以降も、
傍観者ではなく、積極的な参加者として、
この世界で、自分だけの人生を生きよう。

BE HAPPY

14 自分の心を大切に扱おう

私たちは、自分自身の最も厳しい批評家になることがあります。心に自己嫌悪が渦巻くと、ポジティブな感情や自分を受け入れること、自分を愛するためのスペースを確保することがほとんどできなくなります。

自分には何の価値もないという考えは、人生のあらゆる面に悪影響を及ぼします。一方で、自分の心を大切に扱うと、周りの世界が明るくなります。

それでは具体的に、「自分の心を大切に扱う方法」を見ていきましょう。

自分の心を大切に扱う方法 1

「朝の瞑想」と「日記」で自分に問いかける習慣を持つ

「朝の瞑想」については、P64でお伝えしましたね。自分に注意を向ける方法として、非常に有効です。

また、日記をつけることについてもP58で紹介しましたが、日記で自分に問いかけることとは、くじけそうになったときや、自分に自信が持てないときには、とくに効果的です。

まず、厄介な考えが頭をよぎったら、それを書き留めてください。

そして翌日か翌々日、落ち着いて冷静になったころに、自分を認める気持ちを大切にしながら、冷静かつ柔軟な態度で、より客観的にその考えを検証してください。「これは本当のことだろうか？」「自分はどういう立場でそう考えているのか？」「その考えを消し去ったら、自分の見方はどうなるのか、他にどんなことが見えてくるのか？」「この考えの正反対にあるものは何か、正反対の考えにも一理あるか？」などと自分に問いかけてください。

このように厄介な考えを書き留めることを毎日の習慣にした上で、少なくとも1週間のうちに1回は自分の考えを見直して、問いかけてみましょう。2、3週間後には何らかのパターンが見えてきて、来る日も来る日も同じ考えが自分を悩ませていることに気づくでしょう。

この気づきにより、自分を拒否する厄介な考えにとらわれている最中に、それを自覚できるようにもなります。

すると、次にネガティブな考えがいつもの不安と一緒によみがえってきたときに、「これは前にも考えたことがあるから大丈夫。この考えが浮かんできても大丈夫」と自分に言い聞かせることができます。「自分の見方をよい方向に変える物語」が頭に浮かぶようになるのです。

自分の心を大切に扱う方法 2

「今の自分でいい」と言い聞かせる

「自分は十分ではない」と感じ始めたら、「今の自分でいい！」と自分に言い聞かせましょう。自分の欠点や間違いを認めてください。隠したり嘘をついたりしてはいけません。真実があなたを罰することはありませんし、あなたはいつだってありのままでいいのです。あなたが強くなる過程で犯す間違いがあなたを傷つけることはありません。しかし、それを否定したり隠したりすれば痛みが生じます。

あなたがあなたであるのには理由があります。心を乱すものは無視し、自分の内なる声に耳を傾けて、一番大切な願いや最大の目標を常に念頭に置き、日々その実現のために時間を使いましょう。

一人で歩くことや、それを好きになることも、恐れてはいけません。誰かの無知のせいだったり、観たドラマやネガティブな感情によって、自分の真ん中にある真実から離れたり、ありのままの自分を愛することを邪魔されたりしてはなりません。

また、拒絶されることは、長い目で見れば、人生において大した問題ではないということを覚えておきましょう。拒絶を受け入れた上で、本当に大事なことに改めて注意を向けるようにしてください。

重要なのは、自分が自分をどう見ているかです。

他人にどう思われようと、自分の価値観や信念に忠実でありつづけることを習慣にしましょう。

このポジティブな習慣を実践しやすくするために、自分の人生を生きる上で重要なことを2つか3つリストアップすることから始めましょう。

たとえば、正直であること、信頼性、自尊心、自制心、思いやり、親切などといった「自分の特性」が考えられますよね。

こうした短いリストを用意しておくと、周りの評価を得るためではなく、自分自身の強みや、自分が正しいと思う行動を、意識的に選び取るきっかけになります。

直面している試練は克服できると信じる

人生の試練に対する向き合い方によって、成功と幸せの度合いが決まります。ですから、自分の失敗を笑い飛ばし、抱えている問題について冗談を言えるよう、強くなってください。直面している試練を楽しみながら乗り越えましょう。

大きな試練によって、人生は面白くなり、その試練を克服することによって、人生は有意義なものになります。自分を愛することを知っている人は、これをよく理解し、その通りの生き方をしています。

もちろん、いつでも楽にそうできるかといえば、それは不可能でしょう。でも、そうする価値はあります。

人生において精神的な苦痛を受けると、それは一連の波のように高まり、頂点に達し、砕け、それぞれの波があなたの中の古い層を洗い流し、思わぬ宝物を堆積させます。たとえば、未熟さが消えて意識が芽生え、いら立ちが消えて立ち直る力が身につき、憎しみが消えて思いやりが生まれます。こうした精神的な経験の波に乗ることで、最終的には、より強く健全になれるはずです。

自分の心を大切に扱う方法 4

人を責めるより自分が責任を負うことを選ぶ

ネガティブなことが起きたとき、自分を愛する人は、責める相手を探すより、自分で責任を負う方法を探します。責任を押しつけたり、他人を非難したりしても問題は解決せず、不安や無力感が増すだけだと理解しているからです。

責任を負うということは、過去に起きたことにこだわるのではなく、今この瞬間、自分で判断を下し、最善を尽くすことだと心に留めておきましょう。

自分の心を大切に扱う方法 5

学び、成長しつづける

マハトマ・ガンジーはかつて、「明日死ぬかのように生きよ。永遠に生きるかのように学べ」と言いました。

人生は本のようなもので、自ら学ばない人はその本のほんの数ページしか読んでいません。学び、知識が深まれば、今よりもっと豊かに生き、自分に自信が持てるようになるということを、自分を愛する人は理解しているものです。時間をかけて自分から積極的に知識を深めようとする人だけが、この世界の本当の意味での教養を身につけられるのです。

広く称賛されている学者や起業家、アーティスト、歴史上の人物も、正式な教育を受けたかどうかにかかわらず、自分を高めることに膨大とも思えるような時間と労力を注いできているものです。これこそ、継続的な「学び」の賜物であり、自分を愛することの最高の形です。

自分の心を大切に扱う方法 6

情熱と才能を育む

人生に意味を持たせようとするなら、「自分自身の人生」を生きなければなりません。

他人にとって正しく見える道ではなく、自分にとって正しいと思える道を選ばなければなりません。

私たちはみな、何らかの考えや活動に魅力を感じ、つい引き寄せられることがあります。しかも、その引き寄せる力は、強い場合が多いものです。

でも、自分を愛する人は、自らの内なる願いを、とても大切なものだとして認め、尊重し、その願いを育てるために時間を使い、情熱を注ぎます。

内なる渇望を満たすことが、他人の目にどう映るかという心配よりも、はるかに重要だと理解しているからです。

毎朝、自分にとって本当に大切なことは何か、自分に問い、その答えに沿って自分の一日を組み立ててください。

BE HAPPY

15 自分の体を大切に扱おう

私たちは自分の体や、その健康に気を配ることを忘れがちです。自分の精神状態に気をとられているときは、とくにそうです。しかし、いうまでもなく、体と心はもともとつながっています。

もし明日の朝、散歩に行くか行かないか迷ったときは、天気が悪くない限り、散歩に行くことをおすすめします。心の健康に効くからです。

ここでは、自分の体を基盤として、心も体もひっくるめて自分を愛し、健康にする方法を紹介します。

自分の体を愛する方法1 エネルギーを管理する

あなたの周りは、「エネルギー」に満ちています。人生は、エネルギーのやりとりにつきるといっても言い過ぎではありません。ですから、自分の周りにポジティブなことを引き寄せるために、ポジティブなエネルギーを発信することから始めましょう。

また、特定の活動や人とのかかわりに、どの程度エネルギーが必要でしょうか？その一方で、それ以外の活動や人から、どの程度エネルギーを得られるでしょうか。成功の秘訣は、過去の修復や過去との闘いではなく、新しいものを築き育てることに全エネルギーを傾けることです。

自分の体を愛する方法2

深呼吸する時間をとる

呼吸の重要性については、P57やP138でお伝えしてきましたね。

「忙しくてそんな時間なんかない！」と思うときこそ、気持ちを落ち着けて、深呼吸をする一番のタイミングだということを、覚えておきましょう。

もし不安や恐れを感じているなら、心を楽にして、呼吸に意識を集中させましょう。息を吸って吐く長さを徐々に延ばすことに集中してください。

息を吸いながら6つ数え、息を吐きながら6つ数えます。

この簡単な呼吸のエクササイズを1、2分繰り返してください。
すると、「自分の中心」や「今この瞬間」とつながることができます。
そして、パソコンやスマートフォン、会話、さらにはストレスや不安に直結するものから離れてください。

自分の体を愛する方法3

自分ひとりで抱えている重荷を分担する

完璧主義や何もかも自分で抱え込む癖を手放しましょう。「きちんとやり遂げたいなら自分でやらなければ」という思考の罠に陥りやすいものですが、あなたが疲れ果ててしまったら、自分自身も、他の誰も得をしません。

ですから、まず人に任せることを学んでみましょう。

手伝ってくれる人を雇う余裕がなければ、労力を交換する方法を見つけましょう。あなたから学びたい人がいるかもしれませんし、また、その人を助け、アドバイスをしたり、教えたりする喜びややりがいを見つけてみることです。

抱えている重荷を下ろし、周りの人たちが「自分は必要とされている」と実感できるような行動をしなければなりません。

自分の体を愛する方法4

健康的なライフスタイルを維持する

運動の身体的効果は説明するまでもありませんよね。とにかく運動しましょう！また、プレッシャーを感じているときに食事を抜いてはいけません。食事を抜くと、最高の能力を発揮するために必要な栄養が心と体から奪われます。とりわけ、朝食をとることは大切ですから、毎日朝食をとる時間を確保してください！大して時間がかからない「お気に入りの朝食メニュー」を選び、ルーティンにしましょう。そして、間食にはアーモンドやフルーツといったエネルギーを高めるおやつを選んでください。やる気を出すためにしっかり食べましょう。

また、食事をとるときは自然の食材を選び、カフェインなどの刺激物や砂糖の摂取は控えましょう。そうすれば、一日を通してエネルギーを安定させることができ、朝の興奮状態から午後には機能停止という状態に陥ることを避けられます。

最後に、より多くのことをやろうとして、睡眠を削ってはいけません。睡眠は健康や集中力、明晰な思考をもたらすからです。

BE HAPPY

16

他人に、自分の心を大切に扱ってもらうためにできること

「どうすれば他人の自分への接し方をコントロールできるのだろう？」

そう思っているかもしれませんね。でも、それは現実的に不可能です。他人の行動を完全にコントロールすることはできません。

でも、心配は無用です。自分のことを優先し、まず自分自身に気を配れば、あなたは人生で出会う人たちにとってより魅力的な人になり、もっと主体的で、健全に人間関係を築けるようになります。

つまり、他人の自分への接し方をコントロールできなくても、状況への自分自身の対応をコントロールすることで、より心豊かに交流できる方法はたくさんあるということです。この章の最後に、その方法をお伝えしましょう。

他人とのかかわり方1

自分と関係を築くべき人かどうかしっかり見極める

あなたがよかれと思ってしたことに、全員が感謝するわけではありません。誰があなたの配慮に値するか、誰があなたを利用しようとしているか、見極める必要があります。

自分にふさわしくない人間関係に時間と労力を費やしていると、つかの間の友情や、スリリングではあっても無意味なうわべだけの恋愛を繰り返す不毛なサイクルに陥り、なぜいつも愛情を追い求めている気がするのか考える羽目になります。

自分を愛することを知っている人は、自尊心や、自分が本当に充実した関係や時間を得られているかという視点から、人間関係にアプローチするものです。みなに好かれることを期待せず、その必要もないと思っています。愛され、尊重されていると感じるために何が必要かわかっていますし、人に何を与えなければならないかも理解しています。

そこで、あなたは周りの人たちに、自分の境界線をそっと教えましょう。もし相手がその境界線を何度も超えてくるようなら、一歩下がればいいのです。

他人とのかかわり方2

自分を値下げしない

人が愛情と敬意を持って自分に接していないと感じたら、自分の値札を確認してください。あなたはたぶん、無意識に自分を値下げしています。

自分を愛することを知っている人は、何に対して時間を割き注意を向けるつもりかを相手に示すことで、自分の値打ちを伝えています。

ですから、在庫一掃品の棚から下りてください。自分を心から大事にして尊重していなければ、人からも大事にされず尊重もされません。

他人とのかかわり方3

自分を軽んじる人と距離を置く

自分にふさわしくない関係を結ぶくらいなら、まったく関係を結ばないほうがましです。自分のことを気にかけていない人のことを気にしすぎるのはやめましょう。自分を軽んじる人に尽くしても、損をするだけです。

人生の友は、あなたをやる気にさせ、励まし、尊重する人であるべきです。あなたの友人関係は、円満で協力的なものであるべきです。大事なのは「量」より「質」です。

他人とのかかわり方 4

うわさ話の輪に加わらない

勝手な決めつけやうわさ話に夢中になるのはやめましょう。周囲のネガティブな空気や感情的な反応に振り回されてはいけません。うわさ話をしたり、実体のない事柄をあおったりしながら過ごすほど、人生は長くありません。その代わりに、感謝することや必要以上に親切でいることに夢中になりましょう。

他人とのかかわり方 5

社会的条件づけに惑わされず、自分らしく生きる

ありのままの自分を知ることと、自分を心から信じて自分らしく生きることとはまったく別物です。社会に存在するあらゆる社会的条件づけによって、私たちは自

分に忠実でありつづけることを、ときどき忘れてしまいます。

人前で自分を見失ってはいけません。他の誰かのふりをしていると、自分の人生にふさわしい人たちを引き寄せることができません。

ですから、ありのままでいられるくらい、強く自分を愛してください。

もし価値観やものの考え方が自分と合うグループが見つからなければ、自分でグループをつくりましょう。価値観やものの考え方が似ている人たちが、あなたに引き寄せられて次々と集まってくるはずです。

他人とのかかわり方6

正直で誠実な言葉と行動を心がける

人生でも仕事でも、私たちの「評判」は受け取る給与よりも常に重要で、私たちの「誠実さ」は、どんなスリルを味わうよりも常に価値があります。

詐欺師にとっての罰は、不信と不安がつきまとう人生を生きることです。詐欺師は、自分がだました人たちから今度はだまされるのではないかと、常におびえながら暮らしています。そして、それは負のスパイラルの始まりにすぎません。

私たちの自己認識が「正直である」ということに根ざしたものでなければ、間違った理由で間違った人からの承認を求める、危険で孤独な場所で生きることになりかねません。このような人生を送るのは、たいへんつらいことです。

親切に、隠し立てをせず、正直でいましょう！

率直で正直であることによって、必ずしもたくさん友人ができるわけではないでしょう。しかし、信頼のおける友人ができるのは、間違いありません。

他人とのかかわり方 7

怒りに自分をコントロールさせない

あなたを怒らせている人は、あなたをコントロールしています。

怒りについては、P95やP127でもお伝えしましたね。

私たちは時に、憎しみは嫌いな人を攻撃する武器だと思うことがありますが、憎しみはブーメランであり、相手に傷を負わせると同時に、自分も傷を負います。

あなたの憎しみを引き出すようなまねを、誰にもさせてはいけません。あなたは怒るよりも、和解を受け入れることを選ぶ力を持っているのですから。

ネガティブな人たちとつきあっていると、足を引っ張られます。黙っているほうがよい相手のために、言葉を無駄遣いしてはいけません。何も言わず、放っておけるようになることが、心の安らぎを得る近道です。

そして、その人たちを許しましょう。相手が許すに値するからではなく、自分が安らぎに値するからです。

自分を愛し、永遠の被害者でいる苦しみから自分を解放して、その人たちと一緒に、あるいは「その人たち抜き」で前へ進んでください。

他人の行動はコントロールできませんが、自分の反応のしかたはコントロールできます。わだかまりや恨み、怒りを手放せば、長い間感じてきた重苦しさから解放され、気持ちが軽くなるでしょう。

自分を真正面から愛すると誓う

このように自分の心や体、感情を大事にするために実践すべき方法はたくさんあります。これらがすべて結びついて、あなたの心身の健康を支えます。

それぞれの要素に注意を払えば、自分の真の強さは、心と魂にあることにすぐに気づくはずです。

どのような逆境や判断においても、ありのままの自分を信頼すること、自分への信頼に基づいて行動する意欲を持つことがとても大切です。

そして、自分が自分自身に示すべき愛情、敬意、配慮を、他人には二度と求めないと、今すぐ決めましょう。

少し恥ずかしいかもしれませんが、今日鏡に映った自分に向かって、

「あなたを愛してる。これからそれを証明してみせる！」

と言ってみましょう。

自分を愛するための行動を実践すると、幸せになるチャンスを自分に与えることになります。

自分が幸せでいられれば、よりよい友人、恋人、家族、そして、よりよい自分になれるのです。

EXERCISE

仕上げのエクササイズ

1枚の紙を用意し、真ん中に1本、縦の線を引いてください。線の左側には、「自分のよいところ」を書き出します。たとえば、個人的な強み、困難な状況を克服した経験、他人の人生に影響を与えたこと、個人的な業績、自尊心を高める価値観など、すべて書き出します。

線の右側には、「個人的な弱み」や「対応に苦慮している課題」を書き出します。たとえば、時折自分勝手になる、責任逃れをする、決めたことをやり遂げられなかったことがある……などを書き出します。それがどんな課題でも、検証のために白日の下にさらしましょう。そうすれば、おのずと恥ずかしさは消えていきます。

エクササイズの最後に、強みと弱みの列に書いたことを両方読み上げてください。

次に、胸に手を当てて、自分にこう言い聞かせます。

「私は強い。私は弱い。私は不完全だ。私は打ちひしがれている。私は学んでいる。私は傷つきやすい。私は人間だ。これらを全部ひっくるめて、自分を無条件に愛していい、という許可を自分に与えよう。私は過去の過ちを成長の旅の糧にしながら、成長と進化をつづける存在だ。ありのままの自分を受け入れ、最高の自分になると心に決めよう」

本章を読み返して、このエクササイズを繰り返し行ってください。自分の人生に役立っている習慣やパターン、自分をしばりつけている習慣やパターンについて、じっくり時間をかけて考えてみましょう。

自分自身との断絶による痛みとつながって、意識の中でその痛みをそっと抱きしめてください。

こうすることで、自己認識やマインドフルネス、自分への愛を育むことができます。

そして、「今の自分のままでいい」とわかれば、もっと思いやりを持って、余計な判断を下さずに、他人を受け入れ、愛せるようになります。

ただ、あるがままの自分でいよう。
受け入れよう。感謝しよう。

CHAPTER

5

ものの見方

PERSPECTIVE

人生の試練に
美点を見いだそう

もうどうにもならないと思った経験は、
きっとあるだろうし、
これからもあるはずだ。
でも、そんな試練に負ける必要もない。

CHAPTER 5
ものの見方

人生に起きるできごとが、不意に突然、「ものの見方」をポジティブに変えるきっかけを与えてくれることがあります。

ここで、いいことを教えます。人生が好転し、自分のものの見方を変えてくれるできごとが起こるのを、じっと待つ必要はありません。

自覚のあるなしにかかわらず、私たちには、自分の力で、自分のものの見方を変える能力が備わっています。

しかし、誰もが持つこの能力を本当に理解するには、まず「自分が直接経験したことはすべて現実だ」という誤った通念に「アウト」を宣告しなければなりません。

私たちは子どものころ、他人から聞く話やうわさ話には疑問を持ち、自分で直接経験したことをそのまま受け入れるように、たびたび教えられてきました。つまり、自分の目で見て、自分の耳で聞いて、自分の両手で触れて感じれば、それは間違いなく真実だということです。

これは合理的な仮説にも思えますが、必ずしも正しくありません。

自分との対話やものの見方は、現実世界で経験するできごとの解釈に、大きな影響を与えます。

私たちが無意識に自分自身に語っている物語は、
自分の気分を変えるだけではありません。
自分が見るもの、聞くもの、経験すること、
周りの世界で真実だと信じているものまで、実際に変えてしまいます。

その結果、同じ経験をしながら、人によって解釈が違うということが起こり得ます。共通の経験をしていても、一人ひとりの心に違う物語が響いていれば、その物語が、感じ方や解釈のしかたをことごとく変えてしまうのです。

つまり、ものの見方がすべてであり、こうして「自分自身に語っている物語」は、ある意味で私たちの視野を狭くします。人生についての物語を自分自身に語りながら何かを経験しても、その物語しか見えなくなるからです。

心に深い傷を負った人、親や兄弟姉妹、あるいは子どもを病気や事故で亡くした人、パートナーの不貞に苦しんだ人、生活の糧である仕事を失った人、性別や人種を理由に差別を受けた人など、いろいろな人がいるでしょう。

このように過去につらい物語があり、その強烈な記憶を呼び覚ますような経験をすると、それが私たちのものの見方を変え、視野を狭くしてしまうのです。

CHAPTER 5 ものの見方

しかし、過去のネガティブな経験が今の視野を狭くするのは、おもに自分を守る働きによるものです。

私たちは日々の暮らしの中で、ある程度の不確実性に直面します。そこで、慣れ親しんだ物語にこだわることで、その埋め合わせをしようとします。昔の物語や過去の経験を通して、現状を解釈しようとするのです。

この方法がうまくいくこともありますが、昔の物語や過去の経験が現状にまったく当てはまらず、役に立つどころか自分を傷つけてしまう場合もあります。

この章では、自分の状況においてどんなに暗い気分でいようと、ポジティブで明るいものの見方をすることで、人生の試練に美点を見いだすのに役立つ方法をお伝えしていきます。

17 困難に直面しているときこそ健全なものの見方を保とう

人生の基本が変化することならば、なぜ私たちは抵抗してしまうのでしょうか？なぜ変化を受け入れ、手放し、精一杯生きようとしないのでしょうか？

それは私たちが抵抗することに慣れきっているからにすぎません。抵抗することや、自分で判断したがる衝動を捨てたとしたら、自分の「真の可能性」を何となく感じとることができませんか？

自分が慣れ親しんだ環境の境界線を越えて、コンフォートゾーンを押し広げることや、向き合う準備ができていない現実に足を踏み入れることは大変かもしれません。しかし、その結果、精神的・感情的に自由になることによって、難しい状況から距離を置き、より建設的な視点からその状況を見られるようになります。

けれども、人生の大半を、事実が一部しか含まれない話や嘘を受け入れて過ごし、それによって自分自身の成長や学びを妨げられ、潜在能力を発揮できていない人が多くいます。

CHAPTER 5 ものの見方

こうした嘘に立ち向かうのは、不安で恐ろしく、痛みさえ伴いますが、絶対に必要なことでもあります。それを理解した上で、人生を変える5つの真実を紹介します。これらは、健全なものの見方を身につけるときに妨げとなる「嘘」を見抜く手がかりです。この5つの真実を認識していなければ、自分の価値や能力、逆境を乗り越える力についてゆがんだ見方しかできず、「自分の物語」から抜け出せなくなる恐れがあります。

健全なものの見方のための真実

1. 自分が抱える葛藤の大半は自分で生み出したものであり、一瞬にしてそれを克服する選択ができる
2. 正当でも重要でもない他人の判断を恐れている
3. 過去の経験にとらわれて、自分の能力を過小評価している
4. つらい痛みや悲しみ、失敗は、じつは成長の糧になる
5. 人生で最終的に望むものを手に入れるには、何かをあきらめなければならない

困難な状況に直面したときにこれらの真実を思い出せば、どんなに予想外の事態が起きても、自分の見方を正しく保つことができます。

18 的確な質問と言葉で自分に問いかけよう

アルバート・アインシュタインはかつてこう言いました。

「私たちが創造した世界は、私たちの思考のプロセスだ。思考を変えない限り、世界は変えられない」

前にも言いましたが、心はあなたの戦場です。そこでは最も激しく、最も残酷な戦いが繰り広げられています。心では常に「期待」が暴走します。「これから起こる」と心の中で思った何百通りもの悪い結果は、空想にすぎません。そして、私たちは何度となく自分の思考の犠牲になります。

こうした思考をいつまでも心に留めておくと、幸せや安定、さらには人生まで奪われかねません。考えすぎて涙に暮れたり、うつ状態に陥ったり、ひどい敗北感に襲われたりします。

つまり、思考があなたをつくります。

CHAPTER 5 ものの見方

自分の思考を変えられない限り、何も変えることはできません。

たとえば、朝起きたときに、健康に生きているだけでどれだけありがたいか、考えてみましょう。浴室の鏡に息を吹きかけ、自分が呼吸できることがどれほど素晴らしいか確かめてください。命をありがたいものと考えて行動し始めると、本当にそう感じられるようになります。美しい一日は、美しいものの見方から始まります。

ですから、自分に的確な質問をしてください。自分への問いかけが、思考になるからです。さらに、思考は言葉になり、言葉は行動になり、行動は人格になります。そう、私たちの人格は、日々自分に問いかけたり、言い聞かせたりする内容から、直接影響を受けます。最近自分にどう語りかけているか、考えてみましょう。

大切な相手に語りかけるように、自信を与え、勇気づける言葉を自分にかけていますか？　それとも、敵に向かって言葉を選ばずに叫ぶときのように、自分をおとしめる言葉を使っていますか？

あなたは一日中自分自身に無言で語りかけています。そして、あなたの一部はそのすべての言葉を真に受けています。そこで、何か問題が生じたときは、心を落ち着けて、次に挙げる「自分への質問」の答えを、じっくり考えてみてください。

自分への質問 1

考えるのも、自分に言い聞かせるのも
やめるべきことは何だろう？

前章の復習です。「自分にできないこと」について自分を卑下するのはやめましょう。そして、「自分にできること」について自分をほめましょう。

自分への質問 2

他人を責めたり、自分の責任を
否定しようとしたりしていないか？

行動計画を立てて、自分の思い通りに前へ進もうとしているか、考えてみましょう。特定の状況や仕事を否定し、非難し、恐れ、それに抗うのではなく、淡々と対処すれば、どれほど気分がよく、望ましい結果になるか想像してください。

自分への質問 3

どうすれば受け身ではなく、明確な意志と
強さを持って対応できるだろう？

これまでと同じような反応をしたくなったら、過去の囚人になりたいのか、未来を切り開く開拓者になりたいのか、問いかけましょう。絶好調なときと絶不調なときに、人格が最もよく表れるということを忘れないでください。

山頂では謙虚に、谷底では強く、その中間では誠実でいることを心がけましょう。

自分への質問 4

自分や他人に不要な期待をしていないか？

期待は精巧な陶器のコーヒーカップのようなものです。強く持つほど割れる可能性が高まります。期待を少しだけ手放し、自分の人生や人間関係をありのままに受け入れましょう。

自分への質問 5

今後のために学んだことは何か？

過去のできごとに対する恐れに、未来の結果を左右させてはいけません。昨日が奪い去ったものではなく、今日がもたらすもののために生きましょう。立ちふさがる壁は常にあるものですが、一番多いのは自分が築いた壁に閉じ込められてしまうケースです。私たちが目にするものは、自分のものの見方に左右されます。失ったもののことは忘れて、学んだことに注意を向けましょう。

自分に投げかける質問によって、意味が生まれる

人生は、「コントロール不可能な状況」の連続です。これまで何度も、自分がコントロールできるのは自分の反応だけだとお伝えしましたね。

つまり、周りで起きているあらゆることは、自分が意味を与えるまで、当たり障りなく、意味を持ちません。

そして、自分に問いかける質問が、その意味を引き出すのです。

物事がうまくいく前に、どん底を経験しなければならない場合があります。こうした困難に打ちのめされ、どうしようもない状況から永遠に抜け出せないと感じることもあるかもしれません。

でも、そんなことはあり得ません。ものの見方をコントロールしているのは自分だという自覚を持ちつづけること、自分の身に起きたことに対する見方を根本的に変えることによって、そのときはわからなくても、ほぼすべての経験が、その後の自分の成長に役立ちます。直面している状況があなたを導き、正し、時間をかけてあなたという人間を完成させていくのです。

思考が、あなたをつくる。

BE HAPPY 19

何もかもうまくいかないとき、思い出してほしいこと

私とマークのオフィスには、1977年9月16日付のマークの祖母の日記を額に入れて飾ってあります。その日記にはこう記されています。

「今、私は病院のベッドに座り、両乳房の摘出手術を待っている。でも奇妙なことに、自分は運がいいほうだと感じている。私はこれまで病気一つしたことがない。69歳のおばあさんである私の病室は、小児科病棟手前の廊下のつきあたりにある。数時間前から、車イスや可動式ベッドに乗せられた何十人ものガン患者が通り過ぎるのを眺めているが、17歳を過ぎた患者は一人もいないのだ」

この日記は、次の3つを繰り返し教えてくれます。

・どんなときも、常に感謝すべきことがあること

・生きるために闘っている人がどこかにいること
・調子がいい日も悪い日も、命があることに感謝して、毎朝目覚めなければならないこと

また、先日私は、親友ジャネットの35歳の誕生日を祝いました。ジャネットは4年前、ステージ2の乳ガンと診断されました。これは誰にとっても、とくに若い人にとっては衝撃的な宣告です。幸い今は寛解期に入り、この2年間はガンのない状態を保っています。彼女はこう言いました。

「20代のころの自分より、30代の今の自分のほうがずっと好きよ。自信がついたし、人生に何を求めているか、自分にどんな能力があるかもわかるようになったから。それに、命には限りがあって、私にはこのたった一つの命しかないこともわかった。だから、毎日を精一杯大切に生きるためにベストを尽くしているの」

自分が置かれた状況への見方を変えたことで、彼女はとてもつらい時期を、人生に求めているものを理解するチャンスに変えることができたのです。

マークの祖母やジャネットのケースは、幸せとは「問題がないこと」ではなく、

「問題をものの見方を改善するチャンスにできること」だと気づかせてくれました。

では、あなた自身の人生について考えてください。

葛藤や失望にとらわれなければ、どんな喜びやチャンスが、もっとはっきり見えてくるでしょう?

大切なのは、世界があなたから何を奪うかではなく、手元に残されたもので、あなたが何をするかだということです。

そこで、人生の逆境やうまくいかない状況にあるときに必要になる「ものの見方を変えるヒント」を7つ紹介します。

ものの見方を変えるヒント 1

成長に痛みはつきものである

前に進むべきときだからこそ、扉が閉ざされることがあります。追い込まれない限りなかなか行動しない私たちにとって、これは望ましいことです。物事がうまくいかないとき、「意味もなく痛みは生じない」と自分に言い聞かせましょう。もがき苦しんでいるからといって、失敗するわけではありません。素晴らしいことを成し遂げるには時間がかかります。ですから、辛抱強く、前向きでいましょう。

ものの見方を変えるヒント 2

人生のすべては、一時的なもの

雨が降れば、必ず太陽がまた顔を出します。傷を負えば、必ずその傷は癒えます。暗闇の後には必ず光が現れます。

私たちは毎朝そのことに気づかされますが、たびたびそれを忘れて、永遠に夜がつづくと思い込んでしまいます。すべての瞬間が新たな始まりと新たな終わりをもたらします。刻一刻と新しいチャンスは訪れます。一か八か挑戦し、チャンスをものにしてください。

ものの見方を変えるヒント 3

心配しても文句を言っても何も変えられない

文句ばかり言う人は、大したことを成し遂げられません。何か大きなことをやろうとして失敗するほうが、文句ばかり言って何もしないより、ずっとましです。それに、失敗したら終わりなのではありません。

信じていることがあるなら挑戦し、昨日のことについて文句を言いながら今日を過ごすのはやめましょう。そうでなければ、明るい明日はやってきません。

ものの見方を変えるヒント 4

小さな試練が前進につながる

何かに挑戦するなら、時間をかけて徹底的に取り組んでください。しばらくの間、不安定で不快な状態に置かれて、時に平静さを失うこともあるでしょう。コンフォートゾーンをぎりぎりまで押し広げた結果、血の気が引く思いを幾度となく味わうかもしれません。親しい人との関係を犠牲にする可能性もあります。仲間から批判されることだってあるでしょう。しばらく孤独になるかもしれません。

でも、やりたいと思ったらやってみましょう。

一歩一歩進むにしたがって、想像以上に気分がよくなります。道の途中で試練に遭遇するのではなく、その道自体が試練だとわかるでしょう。

ものの見方を変えるヒント 5

他人のネガティブな感情に振り回されない

人から粗末に扱われても、自分らしさを貫いてください。他人の恨みに引きずられて、自分を変えてはいけません。代わりに、その相手を反面教師にして、自分の熱意と集中力を保ってください。

とくに、自分を不十分だと言う相手に好印象を与えるためだけに自分を変えてはなりません。何をしても、どんなにきちんとやり遂げても、陰口をたたく人はいます。何かを強く信じているなら、そのために闘うことを恐れてはなりません。

ものの見方を変えるヒント 6

結局、なるようになる

泣きたいことや文句を言いたいことがたくさんあるのに、笑顔で人生に感謝することを選んだとき、真の強さが身につきます。

自分の人生を愛するということは、自分の直観を信じて挑戦し、失敗してもそこに幸せを見つけ、思い出を大切にし、経験から学ぶことです。それは長い旅です。いちいち心配し、戸惑い、疑うことをやめなければなりません。そうすれば、最初に目指した場所ではなくても、やがて「いるべき場所」にたどり着きます。

ものの見方を変えるヒント 7

一番大事なのは、つづけること

再び挑戦し、愛し、生きて、夢見ることを恐れてはなりません。苦い教訓によって、心を固く閉ざしてはいけません。人生最高の教訓は、最もつらい時期に最大の失敗から得られることが多いからです。

何もかも、ことごとくうまくいっていないと思えることもあるでしょう。そういうときは、そのどうしようもない状況から永遠に抜け出せない気がするかもしれませんが、決してそんなことはありません。

さじを投げたくなったら、物事がうまくいく前にどん底を経験しなければならない場合もあることを思い出してください。最高の状態に達するためには、時に最悪の状態に耐えなければならないのです。

BE HAPPY

20 自分を追いつめる「孤独感」をやわらげよう

調子の悪い日や大変な時期は、周りの人たちがみな、すべてうまくいっていて、何でもできているように見えるものです。

でも、そんなことはないと保証します。

私たちはみな、毎日自分なりにもがき苦しんでいます。勇気を出して悩みを打ち明け合い、おたがいにもっとよく話をすれば、問題を抱えて途方に暮れ、孤独を感じているのは、自分ひとりではないと気づくはずです。

今この瞬間にも、多くの人が同じように闘っています。あなたが自分の状況について恥ずかしい思いや惨めな思いをしていたとしても、同じ感情を抱いている人が他にも必ずいます。

「自分はひとりぼっちだ」とつぶやく自分の声が聞こえても、それは不安を抱える潜在意識があなたをだまそうとしているだけです。

あなたに共感する人が必ずいます。
理解してくれる人が必ずいます。

では、私とマークがいつもブログなどで伝えている、「孤独感をやわらげるヒント」を2つ紹介します。

孤独感をやわらげるヒント1

道行く人全員に、自分の物語と同じくらい人の心をとらえる複雑で途方もない物語がある

人には、誰にでも物語があります。

意図せず自分を変えて、成長せざるを得なかった経験は誰にでもあります。あなたが出会う人はみな、かつてもがき苦しんだ経験があり、今も何かしらもがきつづけています。そしてそれは本人にとって、あなたが経験していることと同じくらい大変なことなのです。

今あなたが感じていることをまったく感じない人、喪失感や孤独感を少しも味わうことなく、ひどく混乱したり正気を失ったりしない人が知り合いにいると思うなら、その相手をよくわかっていないだけです。

私たちはみな、自分を奇妙で理解に苦しむ行動に走らせる「狂気」を、ある程度持っています。こうした一面は人間にとって必要なもので、思考力や順応力、成長力の一端を支えています。知的であるためにも欠かせません。このようなわずかな狂気が混じらない天才は一人もいません。

孤独感をやわらげるヒント 2

あなたは「自分のかけら」をはるかに超えた存在である

うまくいかないときや、自分の一部が欠けたり、こわれたりしたように感じるときは、それと同時に、何もかも自分のすべてがこわれたように感じるものです。でも、それは間違いです。

私たちはみな、心の中に「自分はこんな人間だ」という自己イメージを持っています。このイメージが少しでも損なわれたり脅かされたりすると、むきになって自己防衛的な反応をしてしまいます。「ちゃんと仕事をしたの?」と問われると、「有能な人間だ」という自己イメージが脅かされて腹を立てたり、批判と受け取って傷ついたりします。また、人から言いがかりをつけられると、「いい人」という自己イメージを傷つけられるため、怒って相手を攻撃したり、うずくまって泣いたりします。

こうした例は枚挙にいとまがありません。

しかし、一番ばかげているのは、ネガティブな感情や言いがかりによって、自分で自分を傷つけて追い込むことです。

たとえば、やる気に満ち、素晴らしいアイデアを持っているという自己イメージが突然脅やかされたり、仕事をやり終えられそうにないとわかったとき、自己イメージ通りの自分ではないことを気に病んで怖くなり、強烈な孤独感を覚えます。

そんなときは、自分の多面性を自覚してみましょう。

誰もが、常に生産性が高いわけではありません。生産性が高いときもあれば、そうでないときもあります。やる気に満ちているときもあれば、そうでないときもあります。

そしてもちろん、素晴らしいアイデアを常に持っているわけでもありません。そんなことは不可能だからです。

自分のアイデンティティの一部が欠けても、完全に崩れることはありません。それに、あなたに対して「いい仕事をしていない」と誰かがときどき思ったとして、また自分自身も「いい仕事ができていない」とときどき自覚したとしてもかまいません。常にいい仕事ができるわけではないのですから。

私は間違いを犯す。私は完璧ではない。
でも、それでも全然かまわない。

あなたは、今この瞬間にも、ひとりきりで、幸せ探しに苦労して、疲れ果てているかもしれません。

人生は必ずしも簡単ではありません。毎日予測不能な問題が起こります。朝ベッドから起き上がり、現実に向き合い、笑顔をつくるのさえ難しい日もあるでしょう。

そんなときでも、あなたは本当に素晴らしい人だということを、決して忘れないでください。

覚えておいてほしいのは、勇気は必ずしもライオンのようにうなり声をあげないということ。一日の終わりに「明日もまたベストを尽くそう」とささやいて、静かにのどを鳴らすだけのときもあります。

どんな状況でも最善を尽くそうとすることを、一日一日、一歩一歩、一生かけて、つづけていきましょう。

EXERCISE

仕上げのエクササイズ

本章を通して述べてきたように、どんな状況にも希望の光を見いだすことで、次の前向きな一歩を踏み出すきっかけにすることが大切です。

それは、物事の中に「美点」を見いだすことにほかなりません。

失敗に備えて準備をしていると、脳がそれを期待するようになってしまいます。

それよりもむしろ、ポジティブな面を探す練習をしましょう。

これはなかなか難しく、時間をかけて練習する必要があります。

前にもお伝えしましたが、重要なのは、自分が抱える問題の管理よりも、自分のものの見方の管理に重点を置くことです。これを実践し、ものの見方を正しい方向に変えるために役立つ簡単な質問を3つ紹介します。

(1) もし心から感謝したいなら、今、何に感謝できますか？

(2) もし心からほほ笑みたいなら、今、何にほほ笑むことができますか？

③ もし心からワクワクしたいなら、今、何にワクワクできますか？

繰り返しますが、的確な質問を自分に投げかけることによって、困難な状況に対処しやすくなり、こうした状況への恐怖感をやわらげることができます。

継続的な練習が必要ですが、やがてそれによって、自分のものの見方や、自分にとってプラスに働かせるかマイナスに働かせるかの選択を、完全にコントロールできるということがわかるでしょう。

どう見て、どう考えるか、どう言葉をかけるか。
「自分の物語」の変化を感じよう。

CHAPTER

6

行き詰まりから抜け出す

変化を受け入れ、
必要に応じて行動しよう

何かを変える必要があると
認めるのは、大きな勇気がいる。
その変化を起こす責任を負うには
もっと大きな勇気がいる。
それでも、そのために全力を傾ける
価値は十分にある。

ＣＨＡＰＴＥＲ５では、「直接経験したことはすべて真実だ」という誤った一般常識の嘘について、明らかにしました。ここでは、もう一つの誤った一般常識について反証したいと思います。

それは、「人生に変化を起こすのに『最適な時期』が来るまで待たなければならない」という考え方です。

でも実際は、状況を変えるのに、遅すぎるも早すぎるもありません。

ずっと夢見ていた生き方を始めるのに、タイムリミットはありません。一定の年齢に達したら閉じてしまって、やりたいことをやるのを阻むような架空の扉は実在しないのです。

けれども、人間は変化を巧みに避けようとします。私たちは自己認識が脅かされる状況に置かれると、多くの場合、追い詰められたように感じて警戒するものです。実際にこのような思いを感じながら人生を過ごしたい人は、少ないでしょう。それだけ、変化に積極的になるのは難しいということです。

しかし、ラッキーなことに、人生は、「変化を起こすべきとき」に警告を発してくれるものです。ですから、私たちはその警告に注意を払えばいいのです。

次の９つのリストの中に、思い当たるものはありますか？　自分で自分に問いかけてみましょう。ひとつでも当てはまるなら、今の人生に不満を感じている可能性があります。

人生に不満を感じているかもしれない9つの理由

1. 何かに恐れを感じていて、身動きがとれない
2. 気がつくとネガティブな力（嫉妬、憎しみ、怒り、恨み、不正など）を育てている
3. 心が「今ここ」以外に向いている
4. 「自分ではない誰かにならなければならない」というプレッシャーを感じる
5. 人と競争しているように感じる
6. ある人間関係が自分を不幸にしている
7. 今の状況に退屈している
8. 変化に抵抗しつづけている
9. 他人が自分に代わって「自分の物語」を書いている（ような気がする）

このいずれかに心当たりがあるなら、変化し、行動を起こすタイミングが訪れています。何らかのかたちで、「行き詰まって」いるからです。

たいていの人が、どうすればよいかわからず、失敗するのが怖くて、前に進んで

状況を変えることを恐れていいます。でも、まったく踏み出さないより、不完全ではあっても一歩踏み出すほうがどれほどいいでしょう。

星が整列するのがまれなように、人生が完璧にうまくいくことはめったにありません。

次の一歩を踏み出すのに必要だと思う材料がすべてそろうまで待っていたら、気がつかないうちに、時間をすっかり無駄にしてしまいます。

状況を変えるには、今行動を起こすことが重要だと認めなければなりません。状況を改善するために、今あなたにできることは何でしょうか？　あなたをしばりつけている考えや思いと、折り合いをつける必要があります。

待ったり、言い訳をしたりするのをやめて、どんなにささいなことでもいいから変化を起こし始めましょう。

状況を変えるには、「変えたいと思っていること」に常に気を配り、それを改善するためにできることを、まず1つだけ見つけることが大切です。その1つの行動がたとえすべてを変えなくても、状況改善への道を開きます。

BE HAPPY

21 何かが自然と変わるのを待つのはやめよう

完璧なタイミングがあるという考え方は、私たちの行動を妨げる誤った常識ですが、起こす行動は賢明なものである必要がありますし、そのほうがいいに決まっています。

より賢明な行動を起こす方法として、小さな行動から始めるという手があります。

面白い例を取り上げてみましょう。

たとえば、あなたが朝8時から夕方5時までの単調な仕事にうんざりして、自分でビジネスを始めたいと考えているとします。養っている家族もなく、大きな経済的責任も負っていなければ、今の仕事を辞めてビジネスを立ち上げる方向に、今すぐ舵を切るのは簡単かもしれません。一方、養っている家族がいる場合、突然今の仕事を辞めて新しいビジネスにすべてをかけるのは、おそらく無責任です。

でも、このように自分の状況を変えること、つまり、出世競争に別れを告げて事業主になることが、あなたにとって重要ならば、何も行動しないことも無責任です。

ここが重要なポイントです。

自分に「制約」があるからといって、何かが自然に変わるのを待ちつづけるのはやめましょう。ただし、一気に大きく前進するのに強い抵抗を感じるのも事実です。

でも、大きく前進するのではなく、人生をひっくり返したり、強い痛みを引き起こしたりしない「小さな一歩」を、目標に向かって積み重ねていくことだってできます。

ライフスタイルを徐々に調整し、チャンスが訪れたときにうまく対応できるように、少しずつ柔軟性を持たせ、小さな一歩を積み重ねることによって、いつの日かまったく新しい道に踏み出すための準備を整えるのです。

たとえば、起業したいと思っているのなら、小さな一歩を踏み出すのにうってつけの方法は、ライフスタイルをどう組み立てればいいか、自分に問うことです。

経済面では、1〜2年分の資金を貯めて、債務を一部返済すべきかもしれません。

また、自分の計画を家族や友人と共有し、頭に描いている構想についてアドバイスや支援を得ることも大切でしょう。あなたを支える人たちのネットワークはかけがえのないものです。

つまり、ビジネスを立ち上げるのか、それ以外の変化を起こそうとしているのかにかかわらず、始める時点ですべてを把握している必要はないということです。

小さな一歩を積み重ねることによって、前に進みながら学びを深めることができます。そして、それが本当に自分にとって正しい道なのか、それとも方向を変える必要があるのか、それを見極めるのに役立つ情報が次第に集まってきます。

ビジネスを立ち上げようとしているけれど、1年経ってみて、その自分の夢が間違っていたことに気づく可能性は十分あります。自分が望んでいることは、一年前とは違っています。わずかに違う場合も大きく違う場合もありますが、とにかく違っています。でも、その時点まで小さな一歩を積み重ねたからこそ、その重要な「違う」という気づきに至ったのです。

方向を変えたとしても、まったく気が変わったとしても、その途中で注いだ情熱や努力はすべて、自分が追い求めた豊かな人生に近づくステップに違いないということが理解できるはずです。

もちろん、小さな一歩を積み重ね、前へ進みながら進路を調整することが、通常の「物事の進め方」と相容れない場合もあるでしょう。

たとえば、私たちの社会では十代の若者に対し、大学へ行き、その後40年間にわたって自分が満足するであろうキャリアパスを選ぶことを望みます。

これは冗談のような話です。学位を取る目的は必ずしもそんなことではないからです。学位を取るのは、教養を身につけ、小さな一歩を積み重ねる準備を整えるためです。可能性という海の水をテストするために使える学位を取得して、その後自分自身や自分が築きたい人生について理解できるようになってから方向転換するというのが本来のあり方です。

実際、前へ進むだけでチェスに勝てる人はいません。勝つ態勢を整えるために、時には後退することも必要です。

人生も同じです。次から次へと行き止まりにぶつかっていると感じたら、それは今いる道が正しくないことを知らせるサインです。

おそらく左に曲がるべきところを右に曲がったのが原因ですが、それでもまったく問題ありません。いつでもUターンできることを、人生が少しずつ教えてくれているのです。

BE HAPPY

22 前に進むために「やめること」を決めよう

今の状況がどうであれ、状況を改善できるようになる前に、自分自身や自らの現状についてこだわっているストーリーや考え方、前提を一部手放す必要があるかもしれません。

困難な状況に陥ったときは、あきらめたり、やめたりすることが必ずしも弱いとか、間違っているわけではないと、自分に言い聞かせてください。

むしろそれは、あなたが物事を手放して人生を前に進める強さと賢さを持ち合わせていることの表れであることが多いものです。

変化を受け入れて、行き詰まりから抜け出す力がほしいときに、「やめるべきこと」を6つ紹介します。

やめるべきこと1

自分自身に繰り返している言い訳

どんな言い訳や弁明もまったく自分のためになりません。人生に何の付加価値も与えず、人生の質を高めることも一切ありません。今の使命を果たし、人生で目指す場所にたどり着くには、ただ考えて語っているだけでは不十分です。的を絞った継続的な行動が必要です。あなたには、必要などんな行動でも起こせる力が備わっていますし、行動を起こす選択さえすればいいのです。

大事なのは途中で何を失うかではなく、手元に残ったもので何をするかだということ。過去を手放し、許すべきものを許して前へ進むとき、あなたは過去を変えているのではなく、現在と未来を変えているのです。

やめるべきこと2

「必要なものを持っていない」という考え方

必要なものを持っていても、だからといって物事が楽に運ぶかというと、決してそうではありません。映画『ロッキー・ザ・ファイナル』の主人公ロッキー・バルボアのセリフを借りると、人生はどんなパンチよりも、不意をついて、自分を激しく打ちのめします。

しかし、人生がどのくらい激しく自分を打ちのめすかは問題ではありません。大切なのは、どんなに激しく打ちのめされようと、前に進みつづけること。それこそが真の強さであり、人生という試合に勝利するということなのです。

結局「小さいことの積み重ね」が大きな違いを生むのです。あなたをだんだんと成功に近づけてくれる試行錯誤、日々行っているささいなこと、一歩ずつの歩み、後悔や決断、小さな失敗や成功が最終的にものをいうのです。

一見無駄なできごとが、いくつも積み重なって、何かにつながっていきます。

高校時代に安い賃金でやっていたアルバイト。

もう二度と会うことのない友人たちと、言い争ったり、泣いたり、それでいて大いに笑い合った夜。

誰も読者なんていないブログに、自分の思いのたけをつづった時間。

実現せずに終わったけれど、綿密な将来計画について真剣に考えた日々。

愛していた人との別れを受け入れられず、泣き暮らした日々。

小説やニュースコラム、連載マンガをだらだらと読みながら、無為に過ごしたように思えた時間。

人生や性、宗教に関する自らの指針について、「自分はこのままでよいのか？」と問い直して過ごした孤独な夜。

そのすべてがあなたを強くし、これまでの成果へと導き、今のあなたをつくったのです。

そしてそれらは、目の前の試練に対処する力があなたに備わっていることを証明しています。

やめるべきこと3
人生の悪い部分に注目すること

人生が思い通りにいかなかったことへの後悔から抜け出せずにいると、今手にしている素晴らしいものが見えなくなってしまいます。今の人生にあるよいことに感謝しなければ、幸せになるのは難しいでしょう。

前進するために、理想的な環境は必要ありません。最も幸せな成功者たちは、「ある共通した環境」で生きているわけではなく、「ある共通した心がまえ」で生きています。ポジティブでいること、今持っているものに感謝すれば、この先の人生をどう生きていくかが明確になります。

ですから、すべてがうまくいくのを待つのではなく、今日あるポジティブなことを見つけましょう。ふだんよりも、少しだけじっくり探す必要があったとしても、ポジティブなことは必ず見つかります。

やめるべきこと4

他人のネガティブな判断や意見にとらわれる癖

「他人からどう思われているのか？」という不安は、誰もがとらわれる可能性が高い最大の牢獄です。自分がどういう人間か、何を望んでいるか、他人に教えてもらうことはできません。自分で見極めるしかないのです。

大きな決断をするときは、自分自身や自分の人生についてあなたが思っていることのほうが、他人があなたについて思っていることよりも大事だということを、忘れないでください。他人の言動によって、自分の人生を生きることに罪の意識を感じてはいけません。誰かを傷つけない限り、自分流に人生を生きましょう。人の意見をときどき聞くのはかまいませんが、それによって自分らしさや心の健康を犠牲にしてはいけません。

すべてが静まりかえって、自分の直観の波動だけを感じる状況を、人生を通して幾度となく経験するはずです。そのとき、直観がどう響いているか認識できるようになりましょう。そうでなければ、いつまでたっても直観が告げていることを理解できません。

また、どんなに強い決意と意志力を持っていても、あなたの善意に反する人間関係や社会環境に身を置きつづけると、やがて環境に負けてしまう恐れがあることを肝に銘じましょう。(この点についてはCHAPTER8で詳述します)

やめるべきこと5

先延ばしと、時間を無意味に無駄にする癖

マーク・レヴィの小説『*If Only It Were True*（それが本当だったらいいのに）』のお気に入りのセリフを引用して説明します。

「あなたは「時間」という名の銀行の顧客です。その銀行は毎朝あなたの口座に86・400秒を預け入れます。そして毎晩、あなたが有効に使い損ねた残り時間を損失として処理します。残高は一切繰り越されません。当座貸越も認められません。銀行は毎日、あなた用に新規口座を開設して同じ86・400秒を預け入れ、毎晩その日に使い残した時間をまき上げるのです。その日の預け入れ分を使いきれなければ、損するのはあなたです。時間を元に戻すことはできません。明日に備えて引き出すこともできません」

時間は必要なときに、いつでも借りたり、蓄えから引き出したりできる資源ではありません。そう、時間には制限があります。今日の預け入れ分だけで今を生きなければなりません。

健康と幸福と成功のために、最大限に役立つような時間の使い方をしてください。今この瞬間も、あなたは時間を引き出しています。

やめるべきこと6

何もしないという選択

好ましくないことをやめると、よいことが訪れるチャンスが生まれ、違う選択をすることができます。必要だとわかっている変化を受け入れることができます。実際、あらゆる変化を受け入れることが、私たちが唯一実行できる選択肢なのです。

私たちは、いつどう死ぬかを選べません。私たちに決められるのは、今をどう生きるかということだけです。

ですから、毎日が、選びとるべき新しいチャンスなのです。

自分のものの見方を変える選択をし、心のスイッチをネガティブからポジティブに切り替えましょう。

明かりをつけて、不安や疑念に悩むのをやめると決めましょう。

誇りを持てる仕事をすると決めてください。

人のよいところを見て、人にあなたのよいところを見せるようにしましょう。


たった今、本当の意味で、あなたの人生を生きる選択をしてください。

23

変化を受け入れて行き詰まりから抜け出そう

人生の浮き沈みにどう対処するかは自分次第ですが、変化を受け入れる行動をとり始めると、思いがけない効果を実感できます。たとえば、自分が進歩していることに誇りを感じられます。ようやく前に進んでいることに安心できます。

しかし、一番大事なのは、小さな一歩の積み重ねから生まれる「自由」を感じられることです。

それについて深く理解できるよう、すべての人が変化を受け入れ、「前に進むべき理由」を６つ挙げていきます。

前に進むべき理由１

変化を受け入れようと受け入れまいと、すべては変化する

私たちを取り巻く世界全体が変化しているにもかかわらず、多くの人が今いる場

所を心地よく感じています。この事実を受け入れることが、幸せや全体的な成功には欠かせません。私たちは変わることによって初めて成長し、今まで知らなかった世界が見え始めるようになるからです。

また、現状がいかによくても悪くても、そのうち状況は変わるということを忘れないでください。それは間違いのない事実です。その事実を受け入れて、人生に望む変化の実現に向けて、舵を切りましょう。

前に進むべき理由 2

人生はまだ十分に残されている

「今」は一度きりです。私たちはその今を素晴らしいものにすることができます。自分の進路を変えるのに年齢制限はありません。それに、偽りの人生に慣れ切って、そこから抜け出せないでいるのは、人生の悲惨な浪費です。

なりたい自分になるのに遅すぎるも早すぎるもありません。すべては自分次第です。

ベストを尽くして、自分を驚かせるようなことをしてください。
今まで感じたことのないものを感じてください。
あなたの成長を後押しする人たちと時間を過ごしてください。
誇れる人生を生きてください。
もし誇りを持てていないなら、勇気を出してもう一度状況を変えてみましょう。

前に進むべき理由3

一つの場所に留まっていても成長できない

人生でつじつまが合わないことが出てきたら、引き算の始めどき。思い切って見慣れた海岸線が見えなくなるまで航海しない限り、新しい海は発見できません。
勇気を出しましょう。自分の価値観と直観に従ってください。そして、どんな冒険も時間の無駄にはならないと、肝に銘じてください。

前に進むべき理由4

過去の痛みに執着するのは自虐行為に等しい

あなたは過去のおかげで今の強さと賢明さを身につけたのです。そのことを祝い、過去に悩まされてはいけません。つらい記憶を頭の中で繰り返し再生するのは、一種の自虐行為です。その害でしかない記憶が、不幸な人生をつくります。

自分自身や自分の過去と和解してください。過去の問題や今後起こってほしくないことに意識を向けるのはやめましょう。そのことを考えれば考えるほど、あなたが恐れていることを、日常に強く引き寄せてしまいます。

前に進むべき理由 5

前に進むことがポジティブな変化を生む

他人に責任を負わせて、「かわいそうな私！　なぜ私ばかりこんなにひどい目にあうのだろう？」と思っているかもしれません。しかし、そのシナリオに唯一共通して登場するのは、自分です。

物事を変える、あるいは少なくとも自分の物事に対する考え方を変える権限を持っているのは、自分だけだからです。

前に進むべき理由6

新しいチャンスがあなたを待っている

試練や混乱がまったくない人生を送る人はいません。自分の愛する人や、必要としているもの、運命だと思っていたものを、一切失うことのない人生を送る人はいないからです。

試練があるからこそ強くなり、将来のチャンスに向かって前に進めるのです。未知の領域に挑んでいるということを自覚しながら、新しい関係や新しい環境に身を投じてください。学び、挑戦する準備、さらには自分の人生を変える可能性があるものや人と出会う準備をしてください。

つまるところ、最大の財産は自分自身です。

必要な強さと決断力は、すべて自分の中にあります。

人生は、当然素晴らしいこともあるけれど、
厄介で混沌としているものだ。
それでも、苦痛に見合う価値があるものは存在する。

EXERCISE

仕上げのエクササイズ

多くの人は、あてどなく自分の情熱を見つけようとしています。ここでいう「情熱」とは、幸せや成功、理想の生活に、自分を最終的に近づけると信じているものです。

「情熱を見つけようとしている」とは、情熱が、木の後ろやどこかの岩陰にでも隠れていて、それを探しているということです。しかし、それは事実とかけ離れています。

実際、私たちの情熱は、物事を正しく行うことから生まれます。もしあなたが自分の人生や起こすべき変化に全身全霊を傾ける理由がほしくて、自分以外のどこかに情熱が見つかるのを待っているなら、長い間ただ漫然と待ちつづけることになるでしょう。

一方、あなたが待ち疲れて、今日からもっと情熱的に生きて、小さなポジティブな変化を積み重ねていきたいと思っているなら、次に取り組むことに、積極的に情熱を注ぐときです。では、次の質問の答えを考えてみてください。

・最後に、愛する人とゆっくりと座って、気を散らすものがまったくない状態で、100%集中して会話をしたのはいつですか？
・最後に、持てる力を振り絞って運動に励んだのはいつですか？
・最後に、心から、本心から、全力を尽くそうとしたのはいつですか？

マークは子どものころ、祖母からよくこう言われていました。

「もっといい機会が来るのを待つのはやめなさい。目の前にある機会が最高の機会なのだから」

「私たちは、行動する前から、頭の中で完璧に準備しようとして、時間をかけすぎることがよくあります。完璧に準備が整うのを待つのはやめて、今日あるものでベストを尽くし、また明日、それを改善すればいいのです」


自分の人生に、今すぐもっと情熱がほしいなら、今すぐそれに応じた行動をとりましょう。

少し散歩してから、何かに全身全霊を傾けましょう！

明日の機会にではなく、今、目の前にある機会に。

明日の仕事にではなく、今日の仕事に。

明日のランニングにではなく、今日のランニングに。

明日の散歩にではなく、今日の散歩に。

明日の人間関係にではなく、今日の人間関係に。

時間と情熱をかける値打ちのあるものが、現時点であなたの人生にたくさんあるはずです。あなたの人生には、あなたが必要としているのと同じくらいあなたを必要としている人たちがいて、あなたを必要としている環境があります。

あなたの中には潜在的な情熱の巨大な宝庫があり、今か今かと出番を待っています。目の前のやるべきことに全身全霊を傾けてください。長く失っていた情熱がよみがえり、あなたを迎えてくれます。

CHAPTER 7

モチベーション

内なる原動力を生かして
前進をつづけよう

自分の「WHY」を受け入れ、
行動を起こし、
前進をつづけよう。

CHAPTER 7 モチベーション

一番大切な目標や、アイデアの実現に向けて前に進むのを阻む障壁を、人生はたびたびつくり出します。このとき、モチベーションを上げるのは必ずしも簡単ではありません。

そして、ただまごついている間に、モチベーションが下がったり、失われたりするのです！

でも、モチベーションはさまざまな方法で育てることができます。

そもそも、モチベーションとは、願望に向かって自分を駆り立てるもの、つまり願望を実現しようとする決意であり、原動力です。

たとえばモチベーションは、1つのプロジェクトに参画して適切なことを成し遂げるよう、自分を促します。1つのアイデアを頭の中だけにある段階A地点から、アイデアを実現する段階B地点へ動かす力です。

そして、モチベーションは大きく2つに分かれます。

「始めるためのモチベーション」と「つづけるためのモチベーション」です。

一方のモチベーションがもう一方のモチベーションにつながっていくのが理想的です。つまり、いったん始めるためのモチベーションが湧いたら、勢いがついて、その勢いのまま前へ進みつづけられる状態です。

たとえば、「本を書きたい」と考えているとします。取っかかりとして、まずは一日500字だけでも毎日書くところから始めます。すると、書いた文字が増えるにつれ、それが章になり節になって、日に日に本としての形に近づいていくのがわかってきます。自分がつくり出すものが形になっていくさまを見ていると、勢いがどんどん増してきます。そしてあるとき突然、一冊の本を書き上げたことに気づくのです。

でも実際は、口で言うほど簡単ではありません。新しいプロジェクトを始めても、数日後には尻すぼみになることもよくあります。

怠け心や不安が忍び寄り、楽な道を望む気持ちのほうが、自分たちのアイデアが実現するのを見届けたい気持ちに勝ってしまうのです。

そこで、この章では、その罠に陥らないようにするために、誘惑を断ち切る武器になるツールと、怠惰な毎日がモチベーションを一呑みにする恐れがあるときに頼れる方策を授けましょう。

「自分の内なるモチベーション」を取り戻し、育てて生かす効果的な方法を実践すれば、毎日必要な一歩を踏み出せるはずです。

どのような状況にあっても、
あなたは次の小さな一歩を踏み出すのに必要なものを、
常に持っている。

BE HAPPY

24 自分を動かす強力な「WHY」を持とう

誰もが、簡単な仕事をこなすモチベーションは奮い起こせるはずですが、大きな目標の達成となると、たいてい相当な意志力が必要になります。その意志力を身につける最善の方法が強力な「WHY（動機）」を持つことです。

強力なWHYは、自分と目標を結びつける重要なカギであり、何もかもうまくいかないときによりどころにできる、究極の救世主です。

「私はなぜこれをやっているのか？」
「これを成し遂げたい思いの裏にある大きな理由は何か？」

このように自分に聞き、自分の目標に目を向けて、その全体像をとらえることができれば、目標を達成したいという気持ちをスムーズに高められます。

たとえば、「体をきたえる」というよくある目標について考えてみましょう。「健康になりたいから体をきたえ直したい」というのは、とっかかりとしてはいいのですが、モチベーションを失ったときに自分を窮地から救い出すＷＨＹではありません。その理由の裏にあるものを突き止め、もう少し探っていく必要があります。

「健康増進はよい目標だけど、自分がより健康になりたい理由は何だろう？」

たとえば、私がこの質問を自分に問いかけたとき、自分たちの人生をどう思い描いているのか、将来どうなっていたいのか、という問いにまで行き着きました。健康でいたいのは、息子がその子どもたちを育てるのを見届けられるくらい長生きしたいから、そしてそこに至るまでのあらゆることを経験したいからだと気づきました。まさに、これが強力なＷＨＹです。

あなたのＷＨＹが具体的で有意義なものであれば、あなたは自動的に働く内蔵型の強力なモチベーション製造機を備えていることになります。

ただ野心的な目標を設定しても、その目標を達成するために必要なことをする気が起こらないことがたびたびありますが、そんなときに自分のＷＨＹを思い起こせば、優先事項を再設定し、前に進むモチベーションをよみがえらせることができます。

いったん自分のＷＨＹを確立すれば、自ら追求すると選択した目標が強力な意味を持つようになります。自分の目標に価値があると自覚することによって、熱意が低くなりつつあるときも、軌道からそれることなく物事を進められるのです。

25

「気を散らせるもの」を排除しよう

目標達成に向けたモチベーションを高める方法は数多くありますが、その効果は人によって異なります。私の経験上、モチベーションを上げる効果が間違いなく実証されているのが、自分の気を散らせるものを極力排除するという方法です。

自分のＷＨＹはここでも役に立ちます。目標の実現に関係のある作業なのか、何が必要で何が必要ないかを判断する助けになるからです。

つまり、その行動の理由がわかれば、自分が取り組んでいる作業が適切かそうでないかとはるかに判断しやすくなります。

たとえば、あなたの目標が本を一冊書き上げることだとすると、そのプロジェクトに関係ない作業で一日をつぶしたくはないでしょう。その目標と重要なつながりのある「書く」という作業を脇へ追いやりかねない、潜在的な注意散漫の元であるメールの受信箱やＳＮＳのフィードを遠ざけておきたいはずです。

自分の「気を散らせるもの」が何かを事前に把握するために、私とマークは、毎晩ゆっくり腰を下ろして翌日の計画を立て、やるべきことを書き出します。

なぜそれをやる必要があるのか自問し、熟慮しながらTo-Doリストをつくります。そうして真のニーズや目標から自分の気をそらすものは削っていきます。つい重要ではないことをやってしまいがちなので、この作業にはたっぷり時間をかけます。

人生で行うことは、楽しくワクワクするものばかりではありません。

でも、To-Doリストに載せた各項目の裏にあるWHY、あるいはWHYの欠如が把握できれば、あなたの邪魔をする手近な楽しい「気をそらすもの」をもっと楽に排除できます。

それから、リストに残った項目を見て、「この中でやる必要のないものはどれ？　適切な行動を遂行する妨げにしかならないものはどれ？　単に忙しくしているためにやっていることはどれ？」と自分に聞いてみるのです。

自分が何にエネルギーを注ぐべきか、見極めましょう。

無益な混乱や、後悔したり、怒ったり、嘆いたりといった激しい感情的反応にかかわることなどの、自分を邪魔しつづけている漫然とした時間の浪費をやめるよう、力をつくしましょう。そろそろ大事なことに集中するときです。

ふと気がつけば、取るに足らない、ほとんど意味のない作業に丸一日を費やしているかもしれません。

このように、いつも重要でないさまつなことに長く時間を費やしてしまう理由は、こうした作業がさほど責任を伴わないからです。

自分にとって重要なことに、もっとかかわる必要があります。

自分の時間、思考、エネルギー、そして自分自身を、その重要なことに、もっと多く捧げなければなりません。

前に進むのに必要なことに
意識を集中させ、
エネルギーを注ごう。

BE HAPPY

26

進捗と達成度でモチベーションを上げよう

一日に達成したことに注目して、前日の状況と比較して具体的な進展を確認することで、モチベーションをさらに高める原動力にできます。

進捗や達成状況の測定や追跡の重要性は見逃されがちです。これはシンプルですが、実際非常に有効な方法です。

さまざまな要素で構成されたプロジェクトに取り組む場合、プロジェクト全体が形になるまでに時間がかかるため、途中でやる気が削がれるかもしれません。

しかし、スタート地点に目を向けて現在地と比べてみると、自分がどれほど遠くまで進んだかがわかります。現在いる地点が最終目的地でなくても、進展を確認することによって、次の一歩、さらに次の一歩と踏み出すモチベーションを高めることができます。

進捗の追跡については、途中に小さなマイルストーンをいくつか設定するようにしてください。一つひとつの「小さな一歩」が大切だからです。

たとえば、私たち夫婦の場合は、ブログを刷新するときにこの方法を本格的に試しました。読者が増える中で、ブログのインターフェースをもっとプロフェッショナルに見えるよう改善する必要があると私たちは認識していました。けれどもそこで、一斉に見直すのではなく、徐々に変更しながら進捗を追跡するようにしたのです。まず、インターフェースを少し見やすくした後、過去の記事の整理とアーカイブ化に取り組みました。新しい段階に入るときは必ず進捗の振り返りと測定の時間をとって、何がうまくいって何がうまくいっていないかを把握したのです。

達成しようとしていることが何であっても、進捗の追跡と確認は、幸せや成功へとつづく道のりに「距離標識」を設置するようなものです。自分が前進しているという証を見つけることで、自然とポジティブに、笑顔になれるものです。ただし、自分の進捗を人と比べるという罠には陥らないようにしましょう。誰もが自分なりの距離を進むのに、自分なりの時間を必要とします。

踏み出そうとしている一歩に集中し、
自分自身のこれまでの歩みを基準にして進捗を測るようにしてください。

BE HAPPY

27 つらい経験が飛躍のきっかけになる

トラウマになるような経験は、我慢すべきつらい経験という以上に、やがて最高の形で成長するモチベーションを与え、信じられないほど人生を変えるきっかけになり得ることもあります。

6年前の4月のある晴れた朝、私は足首をひねって靭帯と腱を断裂し、それから10週間歩くことができませんでした。このけがのせいで、それまで普通にできていた身体的動作が突然できなくなるなど、たくさんのネガティブな経験をしました。

けがをした動揺が収まると、私は自分より気の毒な状態の人が大勢いて、中には二度と歩けないかもしれない人もいるのだと考えるようになりました。けがが癒えて回復するまでに時間はかかっても、いずれまた歩けるのはほぼ間違いないこともわかっていました。それなら、この回復できるという贈り物のような機会をどうして無駄にできるだろう、と考えました。そこで、このけがをきっかけに大胆な目標を設定し、ハーフマラソンに挑戦することにしたのです。

この目標を設定することで、「ハーフマラソンを走れるようになるまで回復する」という強力な「WHY」を確立しました。そこでまず、自分の足で立ち上がるための理学療法を受け、次に、再び走れる力がつくまで、毎週、前の週の進捗に基づいて練習を重ねていきました。

モチベーションを上げるための複数の方策「自分のWHYを見つけ」「苦難を克服し」「進捗を追跡する」を組み合わせて、成功する確率の最大化を図ったのです。

トラウマになるような苦難を経験した人を対象にした多くの心理学研究において、約半数の対象者が、ネガティブな経験をした結果として、人生にポジティブな変化が起きたことが報告されています。その中には小さな変化（感謝することが増えたなど）もあれば、新しい実りある人生につながったという大きな変化もありました。

苦難を経験することで、私たちは多くの場合、「人生の無常」という現実に直面し、自らの限界を認識します。その一方で、自分のあり方や残りの人生をどう過ごしたいかといった重要な問題について、理解を深めることもできるのです。

BE HAPPY

28

自分の外側と内側にある燃料を見つけよう

深刻な行き詰まりに陥っているときに、前へ進むのは大変難しいことです。あなたは失業したばかりかもしれませんし、愛する人を亡くして苦しんでいるかもしれません。人生が望んだ方向に進んでいないように思えて、追い詰められているかもしれません。ここで、人生についてちょっとした話をします。

昔あるところに、64歳の女性がいました。女性はあるとき、生まれてからずっと小さな町の中だけで過ごしてきたことに気づきました。世界を旅して回ることを何十年も夢見てきたのに、その夢の実現に向けて一歩踏み出せないでいたのです。

そして65歳の誕生日の朝、女性は起き上がり、「ついにその時が来た」と決心しました！　家財道具をすべて売り払い、身の回りの必要なものだけをリュックサックに詰め込んで、女性は一歩を踏み出し、世界をめぐる旅へと出発しました。旅の最初の数日は心躍る感動の連続で、一歩踏み出すごとに、とうとう夢に見た人生を生きていると実感しました。

しかし、数週間後には、旅をする毎日が大きな負担になっていました。自分が場違いな場所にいる気がして、慣れ親しんだ元の心地よい生活が恋しくなったのです。新しい一歩を踏み出すたびに足の痛みが増し、気分も重くなっていきました。

女性はとうとう足を止め、背負っていたリュックサックを地面にたたきつけると、涙を流しながらその場に座り込みました。そして、絶望的な気持ちで、長く曲がりくねった道に視線を落としました。それは、かつては素晴らしい世界へとつながる道でしたが、今では苦痛や不幸へとつづく道に思えました。

「私には何もない！　私の人生には何も残っていない！」

女性は声を限りに叫びました。

そのとき偶然、近くの村から来た高名な導師が、女性が座っている場所のすぐ近くにある松の木の陰で休んでいました。

女性が叫んでいる間、それを一言ももらさずに聞いていた導師は、彼女を助けるのが自分の務めだと感じました。導師は突然松の木の陰から飛び出し、女性のリュックサックをつかんで、道の両側に広がる森の中へ駆け込みました。驚きのあまりあっけにとられていた女性は、前よりもさらに激しく、息切れを起こしそうなほど泣き出しました。

「そのリュックサックは私が持っているすべてなのに」と女性は叫びました。

「それさえもなくなってしまった！　もう、私の人生の何もかもがなくなってしまった！」

10分間泣くだけ泣いた後、女性は徐々に気を取り直し、再び立ち上がってふらふらと歩き始めました。一方、導師は森を横切り、女性がいる場所から目と鼻の先の道の真ん中に、こっそりリュックサックを置きました。

女性の涙をたたえた目がリュックサックをとらえたとき、自分の見ているものがほとんど信じられませんでした。失くしたとばかり思っていたものが、再び目の前に現れたからです。女性は満面の笑みを浮かべずにはいられませんでした。

「ああ、よかった！」女性は叫びました。

「なんてありがたいのだろう！　これで旅をつづけるのに必要なものがそろったわ」


人生という旅をつづける中で、一人の人間としても、社会人としても、とてつもないフラストレーションや絶望を感じる時期が必ずやってきます。

こうしたつらい時期には、自分がすべてを失い、夢見た方向に進むモチベーションを、何からも、誰からも得ることができないと感じるものです。

しかし、偶然導師とめぐり合った女性のように、私たちは誰もがさまざまな形の

「支援のリュックサック」を手にしています。それは、尊敬する人からの短いメールやメッセージかもしれませんし、励みになるブログの投稿や、洞察力に富んだ本、すぐ近くにいる頼りになる人、目に見えるリマインダーかもしれません。

落ち込んでいるときやモチベーションが湧かないときは、2つのことに気をつければチャンスを引き寄せられます。

まず、見ず知らずの導師（あるいはもっと不正な目的を持った人物）に奪われる前に、「支援のリュックサック」、つまり「自分の外部にあるモチベーションの源」の存在に気づき、感謝することです。そうすれば、いつも当たり前だと思ってきたものにきちんと目を向けられるようになります。

次に、落ち着いて、「自分の内側にあるモチベーションの源」を見つめてください。

あなたの心には、自分の足で立ち上がるようあなたを促し、
それが永遠に失われたように見えるときでも、
「支援のリュックサック」まであなたを導く力があるのですから。

EXERCISE

仕上げのエクササイズ

本章で述べてきたように、よいことは簡単には実行できませんし、難しい状況に陥ると、人はつい楽な道を選んでしまいます。楽な道はたいてい間違った道につながるにもかかわらず、そうしてしまうのです。

成功している人たちは、そうならないように、弱い衝動に負ける前に自分を引き戻す「目に見えるリマインダー」をつくっています。

CHAPTER1のP46で取り上げた私の友人のことを覚えているでしょうか。クレジットカード残高のコピーをパソコン画面にテープで貼りつけ、カード負債を返済するモチベーションを維持していましたね。

モチベーションを奪い、最終的な目標から自分を遠ざける衝動に最も負けやすい瞬間はいつでしょうか？

その衝動を妨げて正しい軌道を保つために、目標を思い出させる「目に見えるリマインダー」を活用してみましょう。次に、その例をいくつか挙げます。

・作業に集中すべきときに、ついスマートフォンをチェックしてしまう癖を自覚しているなら、大きな×印を書いた付箋をスマートフォンに貼っておきましょう。

・企画書を書こうとしているのに、書いている最中にどうしても集中できないときは、それが何に関する企画なのか――そもそもなぜそれを企画したいと思ったのか――を思い出させる切り抜きや言葉をパソコンや壁、デスクに貼りつけて、そばに置いておきましょう。

・健康的な食習慣を身につけようとしているなら、冷蔵庫にカレンダーを貼って、心と体の健康によい食事をつづけた日付に星印を書き込みましょう。そのリマインダーを見れば、物事をつづける力が自分にはあるのだということを確認できます。

「持っていないものを望むことで、すでに持っているものを台無しにしてはならない。今あなたが手にしているものは、かつてただ望むことしかできなかったものだということを忘れてはならない」

エピクロス（古代ギリシャの哲学者）

CHAPTER 8

人間関係

自分にふさわしい
愛に満ちたつながりを育もう

自分で自分に与えられる
最大の贈り物の一つは、
大切な人間関係を育むことだ。

人間関係を維持することに努力が必要だということに気づくのは、とても難しいものです。

最も親密な人間関係に、私たちは「誠実さ」と「つながりの強さ」を求めます。

でも、親密な関係であればあるほど、私たちは何があっても自分のそばにあるとひとり合点し、ついおろそかにしてしまうものです。その関係を当たり前のように思い始め、別の情熱を注ぐ対象に夢中になります。

あらゆることにかかわっている時間はないため、必然的に何かを犠牲にしなければなりません。残念ながら私たちは、時に多くの場合、一番大切なもの、つまり最愛の人たちとの関係を犠牲にしてしまっています。

誰も認めようとしない、人間関係に関する厳然たる事実

誰もが本物の人間関係を求めていますが、それは、今の過度につながった生活の中では見つけにくいものです。インターネットでのコミュニケーションが当たり前になりましたが、多くの場合、こうしたつながりには、必要な親密さが欠けています。

また、私たちはたいていひとつの会社の中で大勢の人と一緒に働いていますが、通常その人たちとのコミュニケーションは仕事が中心であって、人間関係が中心ではありません。

たとえ友人や家族に恵まれていても、SNSに気をとられたり、仕事が忙しすぎたりすると、友人や家族との関係にも悪影響が及びます。

では、本物の人間関係を築き、育むには、何が必要なのでしょうか？　最も犯しやすい間違いの一つが、人間関係において、現状の自分の振る舞いを認めないことです。人を見下す、なかなか会えない、人間関係に気を配らない、あまり労力を割かないなど……、心当たりはないでしょうか？

この章のはじめに、たいていの人が抱えている「人間関係に関する課題」を認めることから始めましょう。

人間関係に関する課題 1

人間関係に関して常に不必要な判断を下す

判断を下すと、何も学べなくなります。心を開きましょう。「自分と違う言動をしているから」というだけで、人を勝手に判断しないことです。周りは、あなたの判断ではなく、あなたが示す手本によって変わります。相手の気持ちや背景についての尋ね、耳を傾けること、謙虚でいること、よき友人やよき隣人であることを心がけましょう。

人間関係に関する課題 2

意見が合わない相手を見下す

誰かに怒りを感じるとき、自分の「こう振る舞うべき」という思い込み通りに相手が行動していないためだということがよくあります。そんなときは、深呼吸してください。他人の意見に反対するのはかまいませんが、だからといってその相手の道理を否定する権利はありません。意見が合わないというだけで、相手を嘘つき呼ばわりして非難する権利もありません。たとえプライドが傷つき、今までの心地よい環境から一歩外へ踏み出すことになっても、自分とは違うものの見方やライフスタイル、意見を正しく評価することを学んでください。

人間関係に関する課題 3

人の弱みを言い立てる傾向がある

心を落ち着かせてみることです。思いやりを持ちましょう。人の弱みを言い立てるのではなく、強みを称賛しましょう。これはあなたのすべての人間関係に、本当の意味で、今後ずっと永続的な変化をもたらす一番簡単な方法です。

人間関係に関する課題 4
人生で出会う人たちについて、自分が知り得ないことはたくさんある

どれだけよく知っている相手でも、その人がどう感じ、どのような心の葛藤を抱えているかを正確に知ることはできません。笑顔や強さの裏には、あなたと同じような複雑で途方もない内面の葛藤が隠れているのです。

人間関係に関する課題 5
不用意なうわさ話をする

周囲の不必要にネガティブな空気や感情的な反応、うわさ話に振り回されてはいけません。ポジティブでいましょう。人に対しては文句を言うのではなく、思いやりの言葉をかけてください。また、ある人が他の人について語る話に注意深く耳を傾けましょう。その人があなたのことを他人にどう語るのかがわかります。

人間関係に関する課題 6

「多忙な生活」が一番大切な人間関係の妨げになっている

今日当たり前のように身近にいる人たちだけが、あなたにとって明日も必要な人たちです。忙しすぎて一番大切な人たちと過ごす時間がとれないようなことがあってはなりません。実際、今日あなたが誰かにプレゼントできる最高の贈り物は、その相手に100%注意を向けることです。ただそばにいて、しっかりと意識を向けてください。

人間関係に関する課題 7

一番身近な人にさえ欠点を隠そうとする

自分は完璧ではなく、自分を小さく感じたり、場違いなところにいると思えたりすることもあるかもしれません。でも、自分のだめな部分を隠す必要はありません。人を引きつけるのはあなたが表に見せる人間性ですが、一度引きつけた人たちを離さずにいるのは、あなたの本当の人間性です。

欠点も人生の大切な一部です。それを隠そうとすれば、あなたを大切に思う人から、本当のあなたを真に理解し、愛するチャンスを奪うことになります。

人間関係に関する課題 8

自分が望むほど人間関係は簡単ではない

良好な人間関係を保つには、努力と犠牲と妥協が必要です。良好な関係は素晴らしいものですが、簡単に保てることはまずありません。関係性において何かがおかしいことや、自分が不適切な関係を結んでいると思っているにもかかわらず、それを放置しても、よくない状況をさらに悪化させるだけです。

一方、人間関係における試練を学びの機会ととらえる前向きさがあれば、人間関係を新たな高みに導く心の持ち方を身につけることができます。

人間関係に関する課題 9

大切な人を、変えようとする

相手を心から気にかけている行動は、愛情と尊敬に根ざしているものです。相手

CHAPTER 8 人間関係

の話に誠心誠意耳を傾け、100%向き合えば、「自分のことを見て、話を聴き、大事にしてくれる人がいる」と相手は感じます。相手を変えようとするのではなく、相手のありのままの美しさと、人間性全体の目撃者になることが大切なのです。

人間関係に関する課題10

自分の人間関係の変化に抵抗する

健全な、本物の人間関係は、その関係と自分自身を成長させます。成長と変化は人生の一部なので、受け入れなければなりません。物事が変化すると関係も終わってしまうのではないかと不安になったとしても、正しい理由でおたがいの道が分かれる可能性を受け入れなければならないのです。

人間関係に関する課題11

破綻した人間関係は、認識しているよりもはるかに重要である

誰もがあなたに重要なことを教えてくれます。すべての人間関係は、それ以前の人間関係の教訓を踏まえて成り立っています。

人生は必ずしもあなたが出会いたい人だけに会わせてくれるわけではありません。あなたが学び、成長したとき、やがて必要な人と出会わせてくれるのです。

人間関係に関する課題 12

いろいろなことに、むきになりすぎる

他人のネガティブなそぶりや行動から距離を置くと、人生が変わるような解放感を味わえます。他人のあなたへの接し方は、その人自身の問題であり、あなたの反応のしかたはあなた自身の問題です。それはおわかりですよね。

個人攻撃をされたと思えるときでも、あまりむきになってはいけません。他人の行動があなたのせいであることはほとんどありません。原因はその人自身にあるのです。

人間関係に関する課題 13

自分を不当に扱った人たちに仕返ししたくなる

仕返しされて当然の相手だと思えても、仕返ししていいことは何もありません。仕返しはあなたを前に進ませません。痛みを感じているなら、さらなる痛みを生む

行動に走ってはいけません。闇を闇で覆い隠そうとするのはやめましょう。光を見つけて、愛から行動してください。もっと現実を充実させることをしましょう。人を許し、恨みを手放し、そのできごとから学んで、人生を前に進めましょう。うまくいけば、あなたの人間関係も前へ進めることができます。

人間関係に関する課題 14

憎む相手と、無意識のうちに深い感情的なつながりを持っている

誰かを憎むことは、その相手に強く執着している、心の中にその相手用のスペースを一生分確保しているのと同じことです。

過去の亡霊に取りつかれたままでいるのは、今日で終わりにしましょう。自分を憎しみでむしばむのも、今日限りにしてください。あなたを傷つけた人たちに仕返しすることは忘れて、代わりに、助けてくれた人たちに恩返しをしましょう。

人間関係に関する課題15

人に親切にすることはめったにない

あなたが出会った中で最も辛らつで冷たい人たちにも、赤ん坊のように無垢だったころがあるのです。

時の流れは、人を変えます。それが生きることの悲しさです。

人から失礼なことをされたら、最高の自分でいるよう心がけて、必要以上に親切にしましょう。他人の小ささや弱さをあげつらうことで強くなれた人は一人もいません。それを肝に銘じて、適切なコミュニケーションを心がけましょう。

人間関係に関する課題16

責任を転嫁する

心に空いた穴を埋めるのは、他の誰の仕事でもありません。

それは自分自身の仕事であり、自分自身にしかできないことです。

自分自身のむなしさや痛みの責任を自分で引き受けるまで、最大の問題が消えてなくなることはありません。

この16のリストに目を通しながら、いくつか思い当たることがあったでしょうか。

また、こうした行動をとってしまいやすいのはなぜだろう？　と思ったかもしれません。それは、すでに述べたように、健全な関係を育むのは大変な作業であり、人はポジティブな面よりもネガティブな面に目が行きやすいからです。

最高の関係が最高たるゆえんは、いつも最高に幸せだからではなく、どんなに強い嵐に見舞われても、強くしなやかに元に戻れるからです。

私とマークは長年、破綻しかけた関係の修復をしようとしている何百人もの人たちを支援し、その活動を通して、関係修復の実現に必要なことについて多くを学んできました。

夫婦関係、恋愛関係、友人関係など、修復したいと思っているのがどんな人間関係であっても、その関係を円満につづけるためにできることはたくさんあります。

この16のリストを最初に見てもらったように、そのプロセスは、人間関係を健全にするものを正確に把握することから始まります。

BE HAPPY

29 意識的に健全な人間関係をつくる努力をしよう

人間関係で、私たちがいかにしょっちゅう失敗を犯しているかという事実を学んだところで、健全な関係とは何か、今日からそれをどう育んでいけるのかをお伝えしていきます。

健全な人間関係には、親密な恋愛関係だけではなく、家族関係や友人関係、仕事関係も含まれることを、まず明確にしておかなければなりません。

私たち夫婦は長年、自分の人間関係に幸せを見いだせずにいる多くの人々と、毎日のように交流してきました。その活動から、人間関係を順調に長つづきさせるのに重要なことは、自ら意識的に「健全な人間関係」を維持しようと努力することだと気づきました。そしてその関係には、７つの特性があることがわかりました。

ひとつずつ説明しましょう。

健全な人間関係の特性 1

両者が精神的に自立している

あなたの幸せが他人からの確認と承認に常に左右されているなら、あなたは自分の力の多くを手放しています。

好かれたい、称賛されたい、何かに属したいと思うのは人の性《さが》ですが、そのために常に無理をしていると、自尊心や精神力が損なわれます。

一つの人間関係を、自分が暮らす家だと考えてください。その家の好き嫌いの決め手は、家具の配置ではありません。自分の心の持ち方です。その家にいる自分を愛すると決めて、その内なる愛を外へ放つのです。

あなたに必要な愛と承認は、自分が自分に与えるものだけです。次に「誰かによい印象を与えなければ」というプレッシャーを感じたら、深呼吸をして、自分の正当性を常に他人から認めてもらおうとしてはならないと、自分に言い聞かせてください。

自分が選んだ現実を楽しんでください。自分の時間とエネルギーの使い方の決定権を握っているのは自分です。誰にも何の借りもなく自立しているとき、あなたは精神的負担を負うことなく、心から自由に愛を与え、受け取ることができるのです。

精神的な満足、内面の強さ、自立性を身につけて、人を愛しましょう。
それは、相手に愛を返してもらいたいからでも、必要とされたいからでもなく、その相手を愛することが、奇跡のように素晴らしいことだからです。

健全な人間関係の特性 2

おたがいを受け入れるゆるぎない土台がある

受け入れるとは、2人がおたがいの意見の相違を認め合い、それでもまったく問題のない状態を指します。意見の相違は、それが大きな違いであったとしても、人間関係をこわすものではありません。大事なのは、避けられない違いに当事者同士がどう向き合うかということです。

友人同士やカップルの中には、おたがいの考え方を変えようとして、何年も時間を無駄にしている人たちがいますが、相手の考えを変えることが常に可能だとは限りません。意見の相違の多くは、世の中や自分自身に対する見方の根本的な違いに根ざしているからです。こうした根深い違いをめぐって争うのは時間の浪費であり、人間関係を疲弊させるだけです。

意識的で愛に満ちた健全な関係をきずいている友人同士やカップルは、解決できない意見の相違があっても、おたがいをありのままに受け入れています。

年をとるにつれて慢性的な体の不調が避けられなくなるのと同じように、意見の違いが長期的な人間関係の避けられない部分だと理解しているのです。この問題は膝の故障や腰痛のようなものです。こうした問題をこりごりだと思っても、きちんと向き合って、いら立ちの元になる状況を回避し、痛みを和らげるのに役立つ方策を講じることはできます。心理学者のダン・ワイルは、著書『*After the Honeymoon*（ハネムーンの後で）』の中で、このことを端的に言い表しています。

「長くつきあうパートナーや友人を選ぶとき、その後10年、20年、いや50年間、おたがいに解決できない問題と向き合うことを必然的に選んでいることになる」

愛情の基本は、大切な人が気兼ねなく自分らしくいられるようにすること、「こうあるべき」という自分勝手な理想を押しつけて相手をゆがめないことです。

さもなければ、私たちは自分の幻想に恋をしているだけで、相手の真の美しさを完全に見逃してしまいます。大切な人を変えようとするのではなく、相手を支え、人として共に成長しましょう。

健全な人間関係の特性 3

意識的なコミュニケーションを真心を込めて実践する

この地球上に人の心を読み取れる人はいません。あなたの考えを率直に伝えましょう。相手がすべてを察してくれるのを期待するのではなく、大切な人には必要な情報を提供してください。語らずにいることが多いほど、問題が生じるリスクが高まります。大小問わず、人間関係のほとんどの問題は、不完全なコミュニケーションから始まります。ですから、できるだけ明確なコミュニケーションを心がけてください。

誰の心も読もうとしないでください。
誰にもあなたの心を読もうとさせないでください。

また、返答するためだけに話を聴くのではなく、理解するために話を聴きましょう。判断を下さずに、相手の心配事や意見に耳と心を傾け、相手の視点と自分の視点の両方から物事を見て、相手の立場になって考えてみればいいのです。

相手がなぜそう考えるのか正確にわからなくても、相手を尊重することはできます。携帯電話をしまって、体を相手に向け、相手の目を直視することはできるはずです。

そうすれば、あなたが心からコミュニケーションをとりたがっていること、相手の言いたいことを聞きたがっていることを態度で示せます。それによって、おたがいを支え合う環境を整えられます。

健全な人間関係の特性 4

意見の相違にポジティブに対処する

人間関係で意見の相違が生じたとき、逃げ出すのは一番簡単です。生まれつき争い事を好まない人ならば、特にそうでしょう。でも、思いとどまらなければいけません。それはあなただけの問題でも、意見の違いと向き合う気があるか否かだけの問題でもないからです。

人間関係をいい方向に発展させて長つづきさせるためには、しばらくの間、自分自身のニーズよりも、「その人間関係」のニーズを優先しなければなりません。

問題から逃げることは、
その後の事態への対処をさらに難しくするだけです。
おたがいが、率直に意見の相違に向き合わなければなりません。

意見の相違への対処をかんたんにする、最もシンプルで効果的なツールのひとつが、「ポジティブな言葉」です。心の奥にある本音や考えを前向きに伝え合えれば、その関係は発展します。

意見が合わないときに気持ちを伝え合うには、「あなた」という言葉を使わずに、「私」という言葉を使うのが効果的です。これによって、相手を言葉で攻撃するリスクを避けつつ、自分の本音を表現しやすくなります。

「あなたは間違っている」と言う代わりに、「私には理解できない」と言うようにしましょう。「あなたはいつだって○○」と言う代わりに、「私はよく○○と感じるんだけど」と言ってみましょう。ちょっとしたことですが、大きな違いを生みます。

健全な人間関係の特性 5

相手が面目を保てるようにする

以前、マークは祖母からこう言われました。

「お前の愛する人が窮地に立たされているときは、その人が自力でその状況から抜け出すまで、見て見ぬふりをしていなさい。そして、相手が窮地から抜け出せたら、何事もなかったかのように振る舞いなさい」

このように相手の面目を保ち、相手もわかっていることに触れずにいるのは、聡明な振る舞いというだけでなく、非常に親切な行為です。相手がそういう行動をとるのは一時的な苦しみのせいだと認識していれば、それができます。

相手は自分自身の考えや感情に反応しているのであって、多くの場合、その言動はあなたとは何の関係もありません。

理由もなく気分が変動することは誰にでもありますし、気持ちが乗らない日もあります。だからこそ、パートナーや友人に面目を保つ余地を与えてください。

相手が怒ったり、不機嫌になったり、気持ちが乗らなかったりしているときに、それに対して被害者意識を持たずに接するのは、相手への貴重な贈り物です。

たとえあなたが正しくて、相手が間違っていることに疑いの余地がなかったとしても、感情が高ぶって相手の面目をつぶしてしまえば、相手の心と自我を傷つけ、自己肯定観を低下させるだけです。

あなたの人生にかかわる人たちが面目を保てるように最善を尽くしましょう。むやみに立ち入らず、感情を落ち着かせて、これまでお話ししてきたポジティブなコミュニケーション術を使って理性的に会話をしてください。

健全な人間関係の特性 6

常に個人の成長を追求し、支える

人間関係がうまくいっているかどうかを見極める方法は、成長の証を探すことです。健全な関係にある2人は、生涯学び、成長しつづける意欲を持っています。2人とも好奇心旺盛で、周囲からも相手からも学びたがっています。向学心にあふれ、その関係の中で個人として成長する自由を、おたがいに認め合っています。

反対に、一方または両方が片時も離れずにいようとすることに原因がある、不幸な関係もあります。一言で言うと、こうした「片時も離れようとしない」人たちは、友人やパートナーに変わらないでほしいと思っています。しかし、変化は世の常であり、人間も例外ではありません。それは紛れもない真実です。

健全な人間関係を望むなら、個人の成長とそれに伴うすべての変化を心から受け入れなければなりません。

健全な人間関係の特性 7

愛は勝つ

この最後のポイントは、すでに述べた6つに加えて、多くのことを幅広く網羅しています。

健全な関係にある2人は、たがいを必要とする以上に深く愛し合っています。そのため、その関係自体が愛を実践する安らぎの場所になります。

愛は根本的に、たがいに正直に向き合い、寄り添い、コミュニケーションを重ね、受け入れ、許し、辛抱することを日々繰り返し実践するものです。

残念ながら、この「実践」という部分を、私たちは忘れがちです。時間さえあればいつでも飛んでいける、保証された目的地のように愛をとらえています。そして、手間をかけずにそこへたどり着きたがります。

さらにそれがうまくいかなければ、関係自体が破綻していると思い込みます。でも、これでは、愛の本質を見落としてしまいます。

繰り返しますが、愛は日々実践するものです。

人間関係は予想外の不都合なできごとを、毎日のようにもたらします。そのたびに深呼吸をして、

「愛のどの要素を、今ここで実践する必要があるのだろうか？」

と自分に問いただささなければなりません。

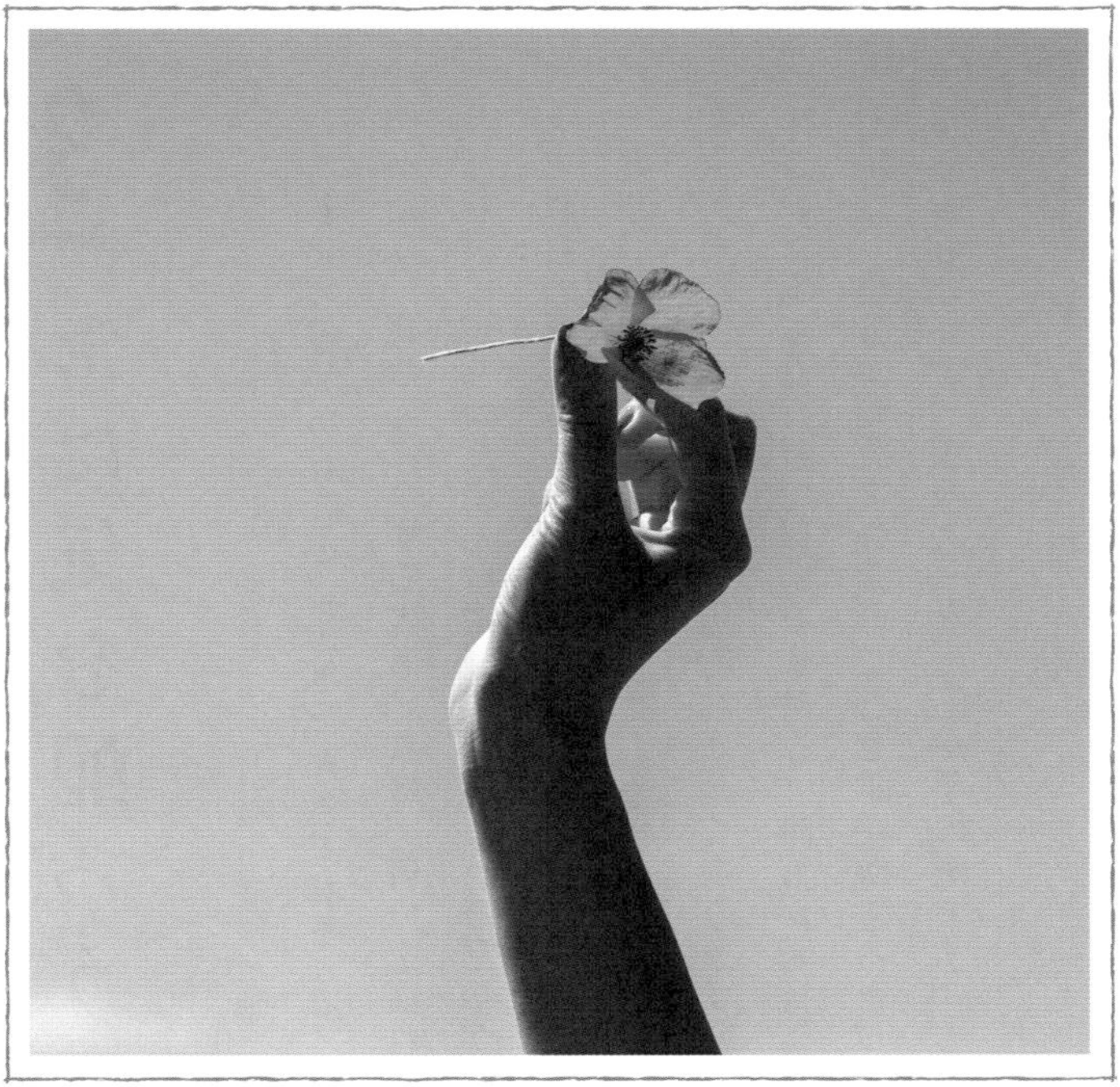

愛は、日々実践するものである。

BE HAPPY 30

自分の反応に常に気を配ろう

ストレスのかかることが起きたとき、あなたはいつもどんな反応をしますか？怒ったり、悲しんだりする人もいれば、自分を哀れみ、被害者意識を持って、他の人たちはなぜもっとまともに振る舞えないのだろうと考え込む人もいます。

これらの反応は、人間関係において何もよい結果を生みません。

実際、あなたの反応が、自ら進んで受け入れようとする姿勢を欠いている場合、個人的なあてつけとみなす可能性が高くなります。

これはあなただけではありません。誰もが時折こうした間違いを犯します。私たちには、自分が同意できないことを誰かがすると、それを個人攻撃ととらえる傾向があるものです。次のような反応がその例です。

・大切な人が愛情を示してくれない。この人は私のことをそれほど気にかけていないに違いない。

・子どもたちが部屋を片づけない。わざと反抗しているのだ。
・同僚が職場で無神経な行動をとる。私を嫌っているに違いない。
・私を傷つける人がいる。みんなで私をつぶそうとしているに違いない。

このように、人は感情的な問題を抱えて、人に対してときどき挑戦的になったり、失礼な態度をとったり、軽率な行動に走ったりすることがあります。

たとえば、ある人の言動が、実際にあなたのやったことに関して向けられたものだとしたらどうでしょうか？　あなたが相手を怒らせるような間違いを犯し、今度はその相手が故意にあなたに失礼な態度をとっている……といった状況です。

こうした状況は、個人的なあてつけのように見えるかもしれません。

でも、本当にそうでしょうか？　相手の失礼な反応は、すべてあなたのせいで、あなたのたった1つの間違いがその反応の引き金になったのでしょうか？

おそらく違います。相手の言葉は、本人の反応や安易な判断、怒り、世の中への期待について語られたことにすぎません。あなたは、「相手のもっと長い物語」のごく一部にかかわっているだけです。

そう、実際は、人生に起こることで個人攻撃に当たるものはほとんどありませんし、何らかの事態が起きても、それがすべて特定の誰かに対して起きたものであることは、まずありません。

けれども、私たち人間は、自分にどう影響を及ぼすかという「広い視野で見るのに適さないレンズ」を通してしか物事を見ないため、他人の行動に、それがあたかも自分に対する個人的見解であるかのように反応しがちです。それゆえ、他人の怒りに反応して、自分も怒るのです。

そして、他人の敬意を欠いた振る舞いによって、自分を価値のない人間だと感じてしまいます。さらに、他人の不幸によって自分も不幸になるという事態が起きるのです。

この事実をしっかり認識しておき、自分をコントロールしてください。

むやみに反応するのはやめて、自分の反応にはくれぐれも気をつけましょう。

その人自身と、その人が時折見せる言動との間には
大きな違いがある。

31 人間関係をこわす有害な行動を避けよう

ここまでお伝えしてきたアドバイスが生かされなかった場合、何が起きるでしょうか？

残念ながら、人間関係が徐々にこわれていく可能性があります。長年私が目にしてきた破綻しかけている人間関係の約90％に、次に紹介する6つの行動が1つ以上当てはまっていました。

（注：人間関係を有害化するこれらの具体的行動を評価、明確化、分類する上で、心理学者ジョン・ゴットマン博士の著書や論文が大いに役立ちました。）

人間関係をこわす行動1　不満や意見の相違を、相手を非難する材料に使う

不満を持つのはかまいません。意見の相違があるのもしかたありません。これら

は人の判断や言動に対する自然で正直な反応です。

しかし、不満や意見の相違がその人の判断や言動に対してではなく、人格に対する攻撃に発展してコントロールが利かなくなると、トラブルが生じます。

たとえば、「電話すると言ったのに電話してこなかったのは、忙しかったとか、忘れていたからではなく、彼がとんでもない極悪人だからだ」と決めつけるようなケースです。その人自身と、その人が時折見せる言動との間には大きな違いがあることを忘れないでください。

人間関係をこわす行動 2

率直なコミュニケーションの代わりに怒りを使う

頻繁に罵倒する、脅す、あきれたような表情を見せる、ばかにした態度をとる、あざ笑う、冷やかすなどは、侮辱を伝える行動であり、人間関係に極めて有害です。

また、「あなたのことが嫌いだ」というメッセージを相手が絶えず受け取っていたら、人間関係の問題を解決することは、事実上不可能ですよね。

愛する人が間違いを犯したとき、それを許すと決めたのであれば、態度で言葉を裏づけなければなりません。

つまり、過ぎたことは水に流してください。

相手の過去の間違いをあげつらって、今の自分の正当性を証明しようとしてはいけません。

自分を相手よりも「まし」に見せるために、常に相手の過去の罪を言い募る（「あなたと違って、私は過去に○○をしていないから、あなたよりましよ」など）のは、双方にとってマイナスです。

ネガティブな思考をポジティブなコミュニケーションに変えましょう。コミュニケーションをとらずに相手に嫌な態度ばかり見せていたら、相手はその理由さえわからない可能性が高いからです。

2人のコミュニケーションがオープンで率直なものでなければ、大事なことはほとんど伝わらないと、自分に言い聞かせましょう。

人間関係をこわす行動 3

人間関係における自分の責任を否定する

人間関係のもめ事に対する責任を否定すると、すべて相手の責任にしてしまうことになります。

「ここで起きている問題は一切私のせいじゃない。責任はいつだってあなたにある」と言っているようなものです。こうした責任の否定は、コミュニケーションを完全に断絶させるため、事態を悪化させるだけです。

ここで理解しておくべき重要な点は、あなたには選択肢があるということです。相手との関係を維持するか、断ち切るか、あなたが選ぶのです。

関係を維持することを選ぶなら、あなたはその関係に責任を負います。

責任の否定は、自分の全権限を相手に渡すことを意味します。ポジティブな状況かネガティブな状況かにかかわらず、その関係の責任を１００％相手にゆだねた以上、相手の言いなりになるしかありません。

もめ事のきっかけが相手の言動にある場合でも、落としどころを見つけるにしろ、自分にとってより健全な状態を生み出すにしろ、まず自分がその関係に常に50％の責任を負っているという事実を受け入れなければならないと自覚しましょう。いったん責任を受け入れれば、何らかの方法で関係を進展させる権限を持つことができます。

人間関係をこわす行動4

よそよそしい態度をとる

よそを向く、無視する、離れる、挨拶を拒むなどはすべて、よそよそしい態度の一種です。こうした態度は、口論によって相手を排除することはなくても、相手を感情的に排除します。誰かを無視しているとき、あなたはその相手に、あなたなしで生きるように伝えています。それが望むことなら、明確に態度で示してください。そうでなければ、そんな態度をとるのは今すぐにやめましょう！

人間関係をこわす行動5

心理的恐喝（エモーショナルブラックメール）を使う

自分がやってほしいことを人がやらないときに、その相手に精神的なペナルティを加えることは、心理的恐喝（エモーショナルブラックメール）になります。

心理的恐喝をすると、相手は自分の意思に反して態度を変えてしまいます。つまり、心理的恐喝がなければ、相手は違う生き方をしていたはずなのに、ペナルティや罰を恐れて要求に応じている状態です。これは人間関係において、非常に不健全な振る舞いです。

ペナルティを加えるのではなく、率直なコミュニケーションをとるべきです。もし2人がお互いを大切に思い、健全な関係を維持したければ、心地よいポジティブなコミュニケーションだけでなく、本音をすべて率直に伝え合うことが、絶対的に「許される」必要があります。

一方または両方の当事者がこれを許さなかったら、あるいは一方または両方が、率直になることによる罰を恐れたら、嘘やごまかしが愛と信頼に少しずつ取って代わり、最終的には気持ちも関係も完全に断絶することにつながります。

人間関係をこわす行動 6

共依存と権利の主張

あなたの行動や思考が自分の個性を犠牲にして、相手の意向を軸にしているなら、それは共依存の状態です。

また、本質的に相手に貸しがあると考えているなら、それは一方的な権利の主張です。

健全な人間関係は、あなたを制限せず、しばらず、変えようともしないこと、あなたにも、誰にも、何の権利も与えないことを覚えておきましょう。

人は時に、自分が選んだ社会的役割だけに基づいて、何かに貸しがあると勘違いし、権利意識を持つことがあります。

たとえば、ある人の友人や彼女、彼氏、妻、夫の役割を受け入れると、その人から一定の「優遇」を受ける権利があると感じます。親の役割を引き受ければ、子どもから尊敬される権利があると感じ、顧客の役割を引き受ければ、独自のニーズに応えてもらう権利があると感じるのです。

しかし実際には、人生に保証された権利などありません。健全な人間関係に存在する愛の場合はなおさらです。

私たちはたびたび愛を「制限」と結びつけます。たとえば、このように。

「僕を愛しているなら、彼は変わってくれるはずだ」

「私を愛しているなら、僕の言うことを聞いてくれるはずだ」

「私を愛しているなら、私が何を必要としているかわかってくれるはずだ」

しかし、これらは本当に健全な愛ではありません。

こうした思考こそが、共依存と権利の主張の温床なのです。

その代わりに、私たちに必要なのは、十分な自立心です。

「あなたが人に与えられる最大の贈り物は、
あなたの個人的な成長です。
私はかつて『私を大事にしてくれるなら、あなたを大事にします』
と言っていました。でも今は『私のためにあなた自身を大切にして
くれるなら、私はあなたのために自分を大切にします』と言います」

ジム・ローン（モチベーショナルスピーカー）

BE HAPPY

32 誤解をまねかないコミュニケーションをとろう

売れっ子弁護士のバレンティナと、その10歳になる息子のマルコが、ニューイングランドの新居に引っ越しました。すでに本格的な冬が到来しており、引っ越しの翌朝に、その地区一帯を暴風雪が襲い、すべての学校が休校になりました。

マルコは休校になりましたが、バレンティナは新規クライアントの重要な仕事を片づけるために、オフィスへ行かなければなりません。吹雪にもかかわらず、バレンティナは車で仕事に出かけ、マルコは宿題をするために、雪に埋もれそうな新居で留守番をすることになりました。

オフィスに着いた直後、バレンティナはマルコからこんなメッセージを受信しました。

「窓が完全に凍ってて開かないんだ（Windows completely frozen. Will not open.）」

バレンティナは携帯電話を見て当惑しました。マルコがなぜ窓を開けたがっているのかわからなかったからです。しかし彼女は忙しく、ちょうど会議に向かうところだったので、詳細を確かめる時間がありませんでした。そこでバレンティナは、山育ちの子どものころに習った簡単な応急処置を急いでメールに打ち込んで、マルコに返信しました。

「コップ1杯の水を電子レンジで温めて、窓枠に均等に注いだら、窓枠を木槌で軽くたたいてみて」

バレンティナはそれから急いで会議に入りました。会議が終わると、自宅にいるマルコから複数のメッセージが入っているのが目に入りました。

マルコからの最初のメッセージはこうでした。

「何？　そんなことして本当に効果があるの？」

次は「お願いだから急いで！　すぐに作文を提出しなきゃならないんだから！」

そして最後は「ノートパソコンがこわれた！」

メッセージを見て混乱したバレンティナはマルコに電話をかけました。マルコは怒って取り乱した様子で電話に出ました。

「ノートパソコンがいったいどうしたの？」とバレンティナは尋ねます。

「わかんないよ」とマルコは答えました。「言われた通り、四隅にお湯を注いで木槌でたたいたんだ。そうしたら電源も入らなくなったんだよ」

バレンティナはようやく、10歳の息子から来た最初のメッセージが新居の窓のことではなかったことに気づきました。

窓ではなく、ノートパソコンを動かすウィンドウズのOSのことだったのです！マルコのパソコンはフリーズしていただけだったのに、コップ1杯のお湯をかけて木槌で軽くたたいたせいで、完全にこわれてしまいました。

バレンティナがこの話を教えてくれたとき、私は大笑いしました。これは、人生や仕事、とくに人間関係における最大の間違いが、小さな誤解から生じるということを教えてくれる格好の事例です。

世の中の不幸の多くは、物事が誤って伝えられたことによる混乱の結果、生じています。誤解がいかに人間関係をこわすか、健全なコミュニケーションがいかに健全な人間関係につながるか、みなわかっているのにもかかわらず、それでも私たちは、よく忘れてしまいます。

一緒にいる時間をつくるのを忘れ、心を落ち着かせるのを忘れ、しっかりと耳を傾けるのを忘れます。そして、来る日も来る日もおたがいを誤解し合って、たくさんの余計な頭痛とつらい過ちを招くのです。

そこで、自分の人生にかかわる人たちにもっとよく注意を払うための簡単な方法を紹介します。

一言で言うと、「わかっていてもつい忘れがちな単純な真実」を、先回りして思い出すのです。話さなければならないとわかっている相手との会話を避けていることに気づいたら、一息ついて、次のマントラを読み上げましょう。すると、しっかりと集中して、相手の話に耳を傾けられるようになります。

誤解を回避するためのマントラ

1 コミュニケーションにおける最大の問題は、コミュニケーションがとれていると錯覚することである。

2 私たちは往々にして、人の話を理解するために聴くのではなく、答えを返すために聴いているが、それはいけない。集中すること。好奇心を持つこと。純粋な好奇心を持って耳を傾ければ、返答するためではなく、相手の言葉の裏にある本当の意味を理解しようとして、話を聴くようになる。

3 聴きたいことだけを聴いているときは、真剣に聴いていることにはならない。

聴きたくないことにも耳を傾けること。それが共に強くなる秘訣だ。

(4) 他人が今日どんな一日を過ごしたか、あなたには知る由もない。だから、その人やその人が置かれている状況について、安易な判断を下してはいけない。思いやりを持ち、相手を知ろうとすること。よき友人、よき隣人、そして聞き上手になること。

(5) 親身になって話を聞いてもらえるだけでいいという場合もある。その人にとっては、誰かが話を聞いてくれているとわかるだけでいいのだ。ただ耳を傾けて、その苦しみをわかろうとする優しい心を示すことが、大きな癒しになり得る。

(6) 事情をすべて把握できていない限り、勝手な推測をしてはいけない。確信が持てなければ、はっきりと理解できるまで直接本人に尋ねること。

(7) 時間をかけて、相手の言いたいことに謙虚に耳を傾けていると、驚くほど多くのことがわかる。話している相手があなたの愛する人であればなおさらだ。

バレンティナとマルコの物語は母親と息子の関係におけるものですが、こうしたミスコミュニケーションは、恋愛関係や友人関係にも、かんたんに害を及ぼす可能性があります。「相手と相性が悪い」と思う理由が、単なるコミュニケーション不足の場合もあるのです。

人生に付加価値を与えてくれる人たちとのコミュニケーションは、なくてはならないものです。私たちは人間関係以外のさまざまなことで忙しくなりがちです。

問題は、何が、そして誰が、自分にとって本当に大切なのかということです。

大切な人がいるなら、その人との予定をスケジュールに組み込みましょう。会えないなら電話をかけてください。メールを送ってください。ちょっとしたことでかまいません。元気をくれる人たちとのつながりを保ちましょう。

その人の様子を知りたがっていること、その人のことが大好きで、会えずにさみしいと思っていることを、本人にわかるように伝えるだけで、大きな違いが生まれます。

EXERCISE

仕上げのエクササイズ

毎日15分間、課題やテクノロジーから離れて、大切な人と充実した時間を過ごしてください。

スマートフォンを置き、ノートパソコンを閉じて、昔ながらの方法で直接向き合って、大切な人と過ごす時間を楽しみましょう。

大切な人との弾む会話、心からの笑顔、長い散歩、楽しく豊かな食事に匹敵する人生の楽しみは、そうそうありません。何でもないことが、その相手とだからこそ特別になる場合もあります。そういう人たちとつきあうことを選び、一緒に過ごす時間を大切にしてください。

大きな計画を立てるまで待っていてはいけません。一緒に過ごす時間そのものをその計画にしてしまいましょう。日ごろから率直なコミュニケーションをとり、できるだけ頻繁に会うようにしてください。

都合がよいからではなく、特別な手間をかける価値がある相手だからこそ、そう心がけましょう。

CHAPTER 9

幸せを取り戻す

自分を幸せにする人が
実行していること

幸せは外にあって見つけられるのを
待っているわけではない。
幸せはあなたの内側にあって、
受け入れられるのを
待っているのだ。

マークがかつて祖母から聞いた短い物語を紹介しましょう。

昔、ある小さな村で、漁師がお気に入りの釣り竿を誤って川に落とし、それを取り戻すことができませんでした。釣り竿を失くしたことを聞きつけた隣人たちが漁師のところへやってきて、「運が悪かったなあ！」と声をかけました。

すると漁師は「そうかもなあ」と答えました。

翌日、釣り竿がないか確かめるために、漁師は川岸まで1・6キロメートルの道のりを歩いていきました。すると偶然その川岸に、サケが大量に泳ぐ小さな入り江を見つけました。漁師は予備の釣り竿を使って100匹近いサケを釣り上げ、台車に積み込んで村へ持ち帰りました。新鮮なサケを受け取った人たちはみんな大喜びしました。その成功を聞きつけた隣人たちがやってきて、「すごいな！　お前は運がいい男だよ」と声をかけました。

すると漁師は「そうかもなあ」と答えました。

2日後、サケをもっと釣り上げようと、漁師が入り江に向かって歩き始めたとき、切り株につまずいて足首をひどく捻挫してしまいました。漁師は大事をとって入り江に行くのをあきらめ、痛い思いをしながらやっとの思いで村へ戻りました。捻挫のことを聞きつけた隣人たちが「運が悪かったなあ！」と声をかけると、漁師は「そうかもなあ」と答えました。

それから4日が経ち、漁師の足首は徐々に治りつつあったものの、まだ歩ける状態ではなく、村では食べる魚が底をついていました。そのため、3人の村人が、漁師が回復するまでの間、川へ漁をしに行くことを買って出ました。その晩、3人が戻ってこなかったため、村が捜索隊を派遣したところ、3人はオオカミの群れに襲われて息絶えた状態で発見されました。漁師の隣人たちがこの話を聞きつけて「漁へ行かなくて本当によかったな。お前は運がいい男だよ!」と声をかけました。

するると漁師は「そうかもなあ」と答えました。

数日後……

……このつづきは想像できるでしょう。

人生は予測不能です。今の時点で、物事がどれだけよく見えても、悪く見えても、次に何が起こるかわかりません。

人生が予測不能であることは、受け入れなければならない究極の真理です。

でも、だからといって、私たちが無力というわけではありません。

予測不能な中でも、喜びを見つけるために、意義や目的を生み出す無数の選択肢

CHAPTER 9

幸せを取り戻す

を私たちが持たないわけでもありません。人生がどんなに不確実でも、あなたは幸せを育み、自分が望む人生に近づくことができます。

この本全体を通して、その過程を手助けする方策をたくさん紹介してきました。心の持ち方を変えるのに役立つ毎日の習慣の力や、マインドフルネスの効果、状況を改善する方法、うつろいやすいモチベーションの高め方についても取り上げてきました。

こうしたアイデアや枠組みはすべて、この本のタイトルが示す通り、あなたが「本当の自分に戻り、幸せになる」のを後押しすることを目的としています。

この章では、そのしめくくりとして、自分を取り戻す旅の途中で、折に触れて心に留めてもらいたい覚え書きとなるものを紹介します。

BE HAPPY

33

幸せは内側から育てなければならない

幸せが、あたかもスーパーの棚からつかみ取れる、どこにでもある商品であるかのように、「外へ出て幸せを見つけよう」と、言うことがあります。

しかし、幸せはよそでは見つかりません。自分の内側で育て、養うものです。誰もあなたを救いにきて幸せを与えてはくれません。幸せになれるかどうかは、自分次第です。

とはいえ、個人の幸せに関しては、少し興味深い側面があります。私は長年にわたる経験を通して、いわば幸せのベースラインが人によって違うことを発見しました。

他の人よりおおむね幸せな人もいます。しかし、ベースラインの幸福度が低い人でも、幸せを育む大きな潜在能力を秘めています。

この本で何度も伝えてきましたが、結局、自分の状況をいつも変えられるわけではありませんが、その状況の受け止め方は、いつでも変えられます。それができれば、問題は問題ではなくなります。

心の持ち方が健全であれば、自分の幸せを育む内的・外的環境を整えられます。自分を悩ませている考えを自覚した上で、CHAPTER4の「日記で自分に問いかける習慣を持つ」で紹介したように、次の質問を自分に問いかけてみましょう。

・この厄介な考えが真実だと絶対的に確信できるだろうか？
・この考えを抱いているとき、自分はどう感じ、どう振る舞っているだろうか？
・この厄介な考えを今すぐ頭から消し去ったら、自分はどう感じ、他にどんなことが見えてくるだろうか？
・合理的な可能性として他に真実だと考えられることは何か？
・この厄介な考えの正反対にあるものは何か？　正反対の考えにも一理あるか？

これらのシンプルな質問は非常に効果的で、日ごろから意識的に活用すれば、あらゆる自分を抑制する思考や思い込みから心を解き放つことができます。関連するCHAPTER3「仕上げのエクササイズ」も、ぜひ読み直してください。

34 幸せな人が実行している習慣

幸せを育むために不可欠な習慣がいくつかあります。そのほとんどは本書のさまざまな箇所ですでに触れていますが、今後、本当に幸せな人生を歩んでいくにあたり、ここで「おさらい」としてまとめておきます。

幸せな人が実行している習慣 1

可能なときはいつでも人に与える

与えることは利他的な行動と見られていますが、与えることは受け取る側よりも与える側のためになります。社会的支援をすることは、多くの場合、支援を受けるよりも自分の幸せにつながります。幸せな人はそれを知っています。

だからこそ、幸せな人は常に人助けの方法を探し、一方で、不幸せな人は「自分にどんな得があるのか？」と考えるばかりで何もしないのです。

幸せな人が実行している習慣 2

必要なときはノーと言う

何にでもイエスと言っていると、不幸への道を突き進むことになります。忙しいだけの仕事をしているように感じるのは、たいていの場合、イエスと言いすぎた結果です。誰にでも義務はありますが、イエスと言う対象を適切に管理できて初めて無理のないペースが見つかります。ノーと言いたいときにイエスと言うのはやめましょう。常に快く応じるわけにはいきません。それでは人から都合よく利用されるばかりです。明確な境界線を引くことも時には必要です。

幸せな人が実行している習慣 3

感謝を表す

感謝は幸せの最たるものと言えます。ソニア・リュボミアスキーが著書『幸せがずっと続く12の行動習慣』（日本実業出版社）の中で紹介している「よく感謝を表す人ほど、憂鬱や不安、孤独、嫉妬、神経過敏に陥りにくい」という洞察ほど明快なものはありません。要するに、自分がどれだけ恵まれているか、毎日考えることです。

ありがたいことをたくさん数えるほど、さらに数えるべきありがたいことが増えて、もっと幸せになれるのです。

幸せな人が実行している習慣4

楽観的になる

最も幸せな人たちは、ある共通した環境で生きているわけではなく、ある共通した心がまえで生きています。幸せな人には、自ら楽観性を生み出す能力があります。成功している人はどんな状況にあっても、常にそれを楽観的に解釈する方法を見つけます。そういう人たちから見れば、失敗は、成長し、人生から新たな教訓を学ぶチャンスでしかありません。楽観的に考える人は、困難なときこそ、世界を無限の機会に満ちた場所とみなすのです。

幸せな人が実行している習慣5

成功や失敗にこだわらない

幸せな成功者たちは、多くの場合、ある一つの理由で長く成功しています。彼らは成功と失敗について人と違った考え方をします。うまくいかなかったことを何もかも自分のせいにはせず、うまくいったことを自分の手柄にもしません。そういう人たちを見習いましょう。謙虚に、生涯学びつづける人でいてください。成功に有頂天になったり、失敗に打ちのめされたりしてはいけません。

幸せな人が実行している習慣 6

拒絶を自分に合わないことから守ってくれるものとみなす

拒絶されたからといって、あなたが十分でないというわけではありません。あなたが提供するものに、相手が気づけなかっただけです。あなたの取り組みに磨きをかける時間、たとえばアイデアをさらに膨らませ、技術を高め、自分を駆り立てる仕事にもっと深く没頭する時間などを与えられたのです。幸せな人はこれを理解していて、拒絶を個人的に否定されたものとはみなしません。

折り返しの電話をくれなかった相手や、不採用になった仕事、事業融資を断る手紙はすべて、それがあなたに合わなかったことを示す証です。自分にもっとふさわしい相手や仕事が近づいていると信じましょう。

有意義なことに時間を割く

『ガーディアン』紙が「死を前にした人たちが後悔している5つのこと」についてホスピスの看護師に尋ねたところ、最もよくある後悔のひとつは、「夢を追いかけようとしなかったこと」でした。

自分の命が終わりに近づいていると知って人生をじっくり振り返るとき、多くの夢が果たされないままだと人はすぐに気づくのです。大半の人は夢見たことの半分も実行に移さず、自分が下した選択や下さなかった選択によってその夢を果たせなかったことを知りながら死んでいきます。

健康は自由をもたらしますが、健康を損なって初めてその自由に気づく人がほとんどです。よく言われるように、1週間は7日ですが、「いつか」はその中に入っていないのです。

幸せな人が実行している習慣 8

最優先事項に全力を傾ける

何かに興味があるとき、あなたは都合がつくことだけをするでしょう。一方、何かに全力を傾けているときは、どんなことでもするはずです。つまりは、そういうことです。そして最終的に笑顔に値する成果を生むのは、全力を傾けたときだけなのです。

幸せな人が実行している習慣 9

健康に気をつける

どんなに運動が嫌いでも、頑張って運動をつづければ、気分がすっきりします。それは変えようのない事実です。身体的エネルギーがなくなると、メンタルエネルギー（集中力）や情緒的エネルギー（感情）、精神的エネルギー（意志力）に悪影響が及びます。実際、うつ病と闘う人たちを対象にした最近の研究で、継続的な運動が大半の抗うつ剤と同じくらい幸福度を高めることが明らかになりました。さらによいことには、運動に参加した人たちは、その6ヵ月後の調査で、自己達成感と自尊心が高まったことによって、うつ病の再発率が低かったことがわかったのです。

幸せな人が実行している習慣10

不必要なものを買うよりも経験にお金をかける

幸せな人は、物質的なものへの出費に対する意識が高い場合が多く、余分なお金の多くを経験に使うことを選んでいます。「経験を買うこと」は、主に次の2つの理由から、私たちをより幸せにする傾向があります。

1. 素晴らしい経験は、それを思い返すことによって、時間とともにさらに素晴らしい財産になる
2. 家の外へ出て、大切な人たちと交流することで、人生が豊かになる

幸せな人が実行している習慣11

人生の小さな喜びを味わう

幸せとは「何か」ではなく、「どう受けとめるか」です。それは、目指す場所ではなく、ものの見方なのです。

幸せは、大きなことを追いかけながら、あらゆる小さな物事を楽しむことでもあります。その喜びを味わうためのゆとりを持たなければ深い幸せは得られません。強い刺激にあふれ、物事がいたるところで急展開する世界では、人生の小さな楽しみを慈しむのを忘れがちです。小さな喜びや楽しみを味わおうとしないと、魔法のような瞬間を見逃すことになります。人生のささいな物事は、それを存分に味わうことを心がければ、最大の満足感を与えてくれます。

幸せな人が実行している習慣12

自分が本当に望む人生を生きる

最もよく聞く不満は、「他人が自分に期待する人生ではなく、自分が望む人生を生きる勇気があればよかったのに」というものです。

あなたはそんな不満を口にしないでください。他人が考えること、とくに、自分が知りもしない人の考えることなど、どうでもいいのです。

大事なのは、自分の望みであり、夢であり、目標です！

自分で納得のいく選択をしてください。

彼らが望む「自分」ではなく、本当の自分を応援し、大切に思ってくれる人たちの中に身を置いてください。真の友だちをつくって連絡をとり合いましょう。自分が本当に言いたいことを、それを聞く必要のある人に伝えてください。

自分の気持ちを表現し、意識を集中し、心を落ち着けて、目の前のことを楽しむのを忘れないでください。

そして何よりも、幸せや心の平穏は、自ら選べるということを、覚えておきましょう。

かつて、思想家のエルバート・ハバードは、

「幸せは習慣である。だからその習慣を身につけなさい」

と語りました。

今、自信に満ちている必要はありません。

必要なのは、自分の人生にとって重要であり、つづけるべきだと心から思うことをスタートする意志だけです。

それを忘れないでください。

EXERCISE

仕上げのエクササイズ

この簡単なエクササイズは、長年にわたって、私とマークの人生で最も役立っているものです。

毎晩寝る前に、その日にうまくいったことを3つ、その理由と一緒にノートに書き留めてください。それぞれの説明は短く簡単なものでかまいません（「今日会社から無事に帰宅できた」など）。

ただそれだけです。私たちは幸福度を高めるために、高価な電子機器や豪邸、高級車、ぜいたくな休暇旅行に多くの金額を費やします。

一方、これはお金がかからない方法なのに、効果は絶大です。

実際、私とマークは10年以上前にこれを試し、1週間つづける目標を立てましたが、今でもまだつづけています。ですから、効果は保証します。

今日からこのシンプルな習慣を始めたら、後に、あなたの人生がすっかり変わった日として、今日を振り返ることになるかもしれません。

さあ、本当の自分に戻り、
幸せになる旅に出よう。

AFTERWORD

おわりに

本書を終えたところで、スタート地点に立ち返ってみましょう。

物事をスタートし、努力を傾け、行動しながら学び、少しずつ困難なことをやり遂げるのに、完璧に準備が整ったと思えることはありませんし、完璧なタイミングもありません。これらがもっと簡単で、完璧なタイミングがあるなら、誰もがこの上ない幸せを手に入れ、とてつもない成功を収めるでしょう。心の葛藤も痛みもなく、果たせぬ夢もなくなります。

しかし、幸せな人生を送るには、必ず、困難なことにも立ち向かう必要があります。他の誰かや何かが、自分を励まして背中を押してくれるのを漫然と待っていることもあるでしょう。

私とマークもかつてそうだったので、よくわかります。

でも、私たちは変わりました。だから、あなたも変われます。

人生に何かを求めているなら、幸せを取り戻したいなら、他の何よりも強く求めなければなりません。自分が望む結果、自分にふさわしい幸せに直接つながることに今日から着手し、明日以降も、毎日つづけなければなりません。簡単ではないかもしれませんが、いたってシンプルなことです。

本書がこれからもあなたの旅の頼れる友でありつづけることを願っています。

ここまでたどり着いたあなたに、本書の「仕上げのエクササイズ」を1つ選んで始めてみることを提案します。

すべてを一度に行うことはできません。欲張ってたくさんのことを試そうとすると、結局何ひとつやり遂げられずに終わってしまいます。ですから、まずは本書の各章の終わりに紹介したエクササイズの中から1つ、あなたが今一番苦労していると感じ、今の自分に最も影響を与えると思われるものだけを選んで始めてみてください。それを60日間しっかりとつづけてから、次のエクササイズに取りかかりましょう。なぜ60日間かというと、習慣が根づくまでに、おおむねそれくらいの時間がかかるからです。

毎日それほど時間をかける必要はありません。それから、カレンダーを用意して、該当する60日間にマークをつけ、エクササイズを実行した日付に×印を入れていきます。最終日までやり遂げられたら、次の習慣を選ぶか、最初に選んだ習慣にかける時間を増やします。

小さなことからでも、とにかく始めること、そして、毎日の習慣にすることが必要です。

最後に、本書でお伝えしてきたことや、これから取り組むべきポジティブな行動に少し気後れしている人のために、人生についてちょっとした話をしましょう。

昔、砂漠で道に迷い、3日間水を飲まずにさまよっている女性がいました。女性が倒れそうになったまさにそのとき、ほんの数百メートル先に湖らしきものが見えました。女性は驚いて「もしかして湖？　それともただの幻？」とつぶやきました。

わずかに残った力を振り絞って湖のほうへふらふらと歩いて行くと、祈りが通じたのだとすぐにわかりました。幻ではありません。それは間違いなく、一生かかっても飲みきれないほどの真水をいっぱいにたたえた大きな湧水湖でした。ところが、文字通り死ぬほど喉が渇いていたにもかかわらず、女性はその水を飲む気になれずに、ただ湖のほとりに立ち尽くし、湖面を見つめるだけでした。

そこへ近隣の砂漠の町からやって来た男性がラクダに乗って通りかかり、女性の奇妙な振る舞いを見つめていました。男性はラクダから降りて女性に歩み寄り、「なぜ飲まないのですか?」と声をかけました。

女性は疲れ果て、取り乱した表情で男性を見上げました。目には涙があふれています。そして「喉が渇いて死にそうです。この湖には水がたくさんありすぎて、とても飲みきれません。どうしたって飲み干すことはできません」と言いました。

通りがかりの男性は笑みを浮かべながらかがみ込み、両手で水をすくいあげ、それを女性の口元へ持っていってこう言いました。

「今、そしてこれから先の人生でチャンスをつかむには、喉の渇きを癒すのに湖の水を全部飲み干す必要はないと理解しなくてはいけません。一口だけ飲めばいいんです。まず一口飲んで、お望みならもう一口飲むんです。目の前の一口だけに集中してください。そうすれば、その後のことについての不安や恐れ、苦悩は少しずつ消えていきますよ」

今日から、今実際に飲もうとしている「一口だけ」に集中してください。

一瞬一瞬の小さな前向きな行動が、ある日振り返ったときに、価値あるもの、始めたときに思い描いていたものとは違う、たいてい、それよりもはるかによいものになっている……。それが人生というものです。

マーク&エンジェル

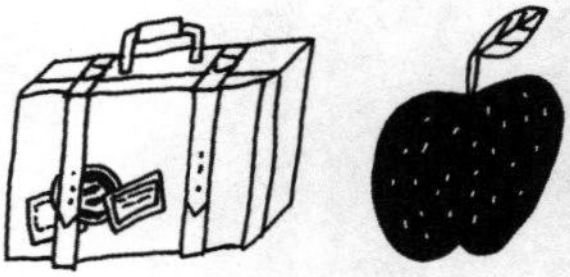

さあ、本当の自分に戻り幸せになろう
人生をシンプルに正しい軌道に戻す9つの習慣

発行日　2020年 7 月20日　第1刷
発行日　2020年10月25日　第8刷

Author　マーク&エンジェル・チャーノフ
Translator　矢島麻里子
Illustrator　TO2KAKU 兎村彩野
Book Designer　西垂水敦・市川さつき(krran)

Publication　株式会社ディスカヴァー・トゥエンティワン
〒102-0093　東京都千代田区平河町2-16-1 平河町森タワー11F
TEL　03-3237-8321(代表) 03-3237-8345(営業)
FAX　03-3237-8323
http://www.d21.co.jp

Publisher　谷口奈緒美
Editor　大山聡子

Publishing Company
蛯原昇　梅本翔太　千葉正幸　原典宏　古矢薫　佐藤昌幸　青木翔平　大竹朝子
小木曽礼丈　小山怜那　川島理　川本寛子　越野志絵良　佐竹祐哉　佐藤淳基
志摩麻衣　竹内大貴　滝口景太郎　直林実咲　野村美空　橋本莉奈　廣内悠理
三角真穂　宮田有利子　渡辺基志　井澤徳子　小田孝文　藤井かおり　藤井多穂子
町田加奈子

Digital Commerce Company
谷口奈緒美　飯田智樹　安永智洋　岡本典子　早水真吾　三輪真也　磯部隆
伊東佑真　王廳　倉田華　榊原僚　佐々木玲奈　佐藤サラ圭　庄司知世　杉田彰子
高橋雛乃　辰巳佳衣　谷中卓　中島俊平　西川なつか　野﨑竜海　野中保奈美
林拓馬　林秀樹　牧野類　三谷祐一　元木優子　安永姫菜　青木涼馬　小石亜季
副島杏南　中澤泰宏　羽地夕夏　八木眸

Business Solution Company
蛯原昇　志摩晃司　藤田浩芳　野村美紀　南健一

Business Platform Group
大星多聞　小関勝則　堀部直人　小田木もも　斎藤悠人 山中麻吏　伊藤香
葛目美枝子　鈴木洋子　福田章平

Corporate Design Group
松原史与志　岡村浩明　井筒浩　井上竜之介　奥田千晶　田中亜紀　福永友紀
山田諭志　池田望　石橋佐知子　石光まゆ子　齋藤朋子　俵敬子　丸山香織
宮崎陽子

翻訳協力　株式会社トランネット(www.trannet.co.jp)
Photo　カバー:山本誠／アフロ
本文:Unsplash
Proofreader　文字工房燦光
DTP　株式会社RUHIA
Printing　シナノ印刷株式会社

ISBN 978-4-7993-2632-9

最後までお読みいただき、ありがとうございます。
本書を通して、何か発見はありましたか？
ぜひ、感想をお聞かせください。

いただいた感想は、著者と編集者が拝読します。

また、ご感想をくださった方には、お得な特典をお届けします。